D1929258

Ha. A. Mehler
Peter Gerhards

Tennis

Sport im Aufwind

Ein Lehrbuch

Originalausgabe

WILHELM HEYNE VERLAG
MÜNCHEN

HEYNE RATGEBER
Nr. 08/9051

Mehler Nc 239

Süddeutscher Rundfunk
Anstalt des öffentlichen Rechts
BIBLIOTHEK

1987 - G - 24

Wir danken:
adidas, Herzogenaurach / Dunlop Sport, Hanau / Fischer Ski und Tennis, Herrsching / Spandau Repro GmbH, Mainz / L. Ron Hubbard / Deutscher Tennis Bund, Hannover / Verband Deutscher Tennislehrer, Hanau / Babolat Maillot Witt, Hanau / SHAKLEE, München / Gianni Clerici (Ulrich Kaiser), »500 Jahre Tennis«, Verlag Ullstein / Tennis- und Fitness Oase, Mainz / Heiner Dammel / Henning Freese / Helmuth Luithle / Kalli Preis.

Claus Marten, Regensburg – Demonstrationen
Ursela Imschweiler, Mainz – Dipl.-Grafik
Thomas Exler, Olching – Sports Photography

Copyright © 1986 by Wilhelm Heyne Verlag GmbH & Co KG, München
Printed in Germany 1986
Umschlagfoto: Paul Zimmer, Stuttgart
Umschlaggestaltung: Atelier Ingrid Schütz, München
Satz: Dörlemann-Satz, Lemförde
Druck: RMO, München
ISBN 3-453-41705-4

Inhaltsverzeichnis

gewidmet
Heinz Fritzsche

I. Tennis – Sport im Aufwind

Ein junger Mann dreht am Rad der traditionsreichen Tennisgeschichte. Er steht auf dem »heiligen« Rasen des Centre Court von Wimbledon, einem Stadtteil im Süden von London, und küßt den goldenen Pokal, die begehrteste Trophäe der Tenniswelt. Deutschland hat seinen Boris Becker (Abb. 1), die internationale Tennisszene ihren »B. B.«, ihren »Bum-Bum-Boris«, ihren »Baby Boomer«, ihr »Wunderkind«.

Derart kämpferisches Tennis, gepaart mit jugendlicher Unbekümmertheit, hat es in der etwa 110jährigen Geschichte der inoffiziellen Tennis-Weltmeisterschaften noch nicht gegeben. Der jüngste aller Sieger hat zugeschlagen, hat mit dem schnellsten Aufschlag der Welt (302 Stundenkilometer beim Verlassen des Schlägers) seine Gegner das Fürchten gelehrt und mit seinen Hechtsprüngen selbst den aussichtslosesten Passierbällen nachgesetzt.

Deutschlands Tennistraum seit Gottfried von Cramm, den »stärksten Spieler der Welt, der nie Wimbledon gewann«, und Wilhelm Bungert, der 1967 bis ins Endspiel von Wimbledon vorstoßen konnte, ist wahr geworden.

Doch die Erfolge des deutschen »B. B.« und der deutschen Tennisszene schlechthin sind mit dem Supersieg in England offenbar noch nicht beendet. Allenthalben geht es weiter aufwärts, werden neue spektakuläre Siege errungen – auf den verschiedensten Spielfeldern in der Welt, bei den Herren *und* bei den Damen.

Aber noch einmal zurück zu Boris Becker. Der jungenhafte Sieger katapultierte sich in einer Reihe weiterer internationaler Turniere innerhalb *eines* Jahres in die Spitze der Weltrangliste – mit der Geschwindigkeit eines

1

Schmetterballes. Heute tummelt er sich mit der größten Selbstverständlichkeit in der absoluten Weltelite, zwischen Lendl, McEnroe, Wilander, Connors, Edberg, Noah und Jarryd. 1985 führte der Ballkünstler Boris Becker die deutsche Mannschaft im Davis-Pokal, der Nationen-Weltmeisterschaft der Herren-Mannschaften, mit Siegen über die USA und die Tschechoslowakei in die Endrunde gegen den Pokalverteidiger Schweden. Er war es, der den Davis-Pokal – auch als »häßlichste Salatschüssel der Welt« bezeichnet – erstmals in der deutschen Tennisgeschichte in greifbare Nähe rückte. Zugleich bravourös, cool, locker und beinhart schlug er die vor ihm auf der Weltrangliste etablierten Schweden Edberg und Wilander. Er konnte seine Siegesserie auch im Madison Square Garden in New York fortsetzen, als er im Masters-Finale der 16 besten Herren der Welt bis ins Endspiel (Gegner Ivan Lendl, Abb. 2) vordrang. Seither ist »Bum-Bum-Becker« so etwas wie ein Fixstern am Tennishimmel. Bundesliga-Fußballspiele werden verlegt, ja sogar die Tagesschau und Reportsendungen werden umdisponiert. Auch die Fernsehplaner reagieren taktisch klug auf die umherfliegenden, etwa 57 Gramm schweren Bälle, die mehr als 20 Millionen Zuschauer alleine in der Bundesrepublik Deutschland mit Spannung verfolgen – eine Menge, die man sich einmal vorstellen muß!

Doch »B. B.« ist nicht der einzige, der die Filzkugeln auf Rasen, Sand oder Teppichboden erfolgreich drischt. Hansjörg Schwaier, Michael Westphal, Andreas Maurer – sie alle schrieben ein Stück Tennisgeschichte. Sie waren an entscheidenden Siegen gegen die USA und die Tschechoslowakei beteiligt und spielten sich in die Herzen von Millionen von Zuschauern – denn letztlich ist jeder Sieg im Davis-Cup ein Mannschaftssieg, der Erfolg eines Teams. Begeisterung und Motivation waren schon immer die Grundlage für außerordentliche Leistungen. Stellvertretend für alle sei hier das Spiel von Michael Westphal genannt, der als 51. der Weltrangliste den Tschechen Thomas Smid (15.) in einem wahren Tenniskrimi niederrang.

Des weiteren sind Nici Pilic (Honorartrainer), Wilhelm Bungert (Teamchef), Günter Bosch und Ion Tiriac (Trainer und Manager von Boris Becker) erfahrene Männer mit eindrucksvollen Leistungen hinter den Kulissen der weißlinierten Spielfelder. Es sind Persönlichkeiten, die, unterstützt vom fortschrittlichen Management des Deutschen Tennis Bundes, mit dem richtigen Gespür den Weg zum Erfolg des deutschen Tennis einschlagen.

Was aber wäre das Tennisspiel hierzulande ohne »unsere« Damen, die sich bereits früher als die Herren in der Weltspitze etablierten. In monotonen Herrentennis-Zeiten sorgten sie für die prickelnde Würze im deutschen Spiel.

Steffi Graf (Abb. 3), das jugendliche Tennistalent, gehört heute zur Spitzengruppe der Weltrangliste. Keine geringeren als die »Tennisköniginnen« Martina Navratilova (Abb. 4) und Chris Evert-Lloyd bescheinigen Steffi alle Chancen, ihr Erbe antreten zu können. Mit Gabriella Sabatini aus Argentinien wird sie sich voraussichtlich ein Dauerduell um die Spitzenposition im internationalen Tennis liefern.

Doch vorher sind noch einige Rivalinnen auszuschalten: Beispielsweise Claudia Kohde-Kilsch, die hervorragende Einzel- und Doppelstrategin. Kontinuität und spielerische Präzision sind die Erfolgsrezepte der langen Saarländerin, die heute in Marbella wohnt und trainiert. Nicht zu vergessen sind des weiteren Sylvia Hanika und Bettina Bunge, die so manches Mal die deutsche Fahne erfolgreich hochgehalten haben.

TENNIS – eine Welt hat sich verändert. Deutschland steht Kopf, was den gelben oder weißen Ball betrifft. Etwa 20 bis 30 Millionen bundesrepublikanische Zuschauer verfolgten die Filzkugel im Davis-Cup. Und etliche Millionen würden Tennis gerne in ihrer Freizeit ausüben.

Nun, was hat diese Aufzählung der Superlative mit mir zu tun? werden Sie sich vielleicht fragen. Mit mir, der ich noch blutiger Anfänger bin, zwar liebend gerne am Tennisspiel beteiligt wäre, aber doch kaum die Regeln kenne, geschweige einen Tennisschläger richtig halten kann? Und welchen Schläger soll man aus der unzähligen Vielfalt überhaupt wählen? Wie steht es darüber hinaus mit den Kosten? Und wo soll man anfangen, in einem Verein oder zunächst im Rahmen einer kommerziellen Mietanlage? Mit oder ohne Trainer?

Des weiteren eröffnen sich Fragen und Gedanken wie:

Ist Tennis nicht nach wie vor ein Sport der High Society, versnobt und ein reiner Image-Sport? Und ist es *für mich* der richtige Sport? Wenn ja, wie beginnt man, wo fange ich an?

Nun – wir haben dieses Buch gerade *für Sie* geschrieben. Die eingangs beschriebene dynamische Entwicklung des Tennissports ist beileibe nicht nur für Zuschauer attraktiv, sondern bietet vor allem dem aktiven Zeitgenossen optimale Möglichkeiten, sich zu betätigen. Dabei soll Ihnen dieses Buch helfen, soll ein Leitfaden für eine besser genützte Freizeit sein. TENNIS ist *eine* der Antworten für Sie, wenn Sie bis ins hohe Alter hinein aktiv bleiben wollen. Sie können dabei Ihrem Körper die dringend notwendigen »Trainingseinheiten« verordnen, die ihn agil, locker, belastbar, kurzum *fit* halten. Gleichzeitig kommt auch die psychische Seite nicht zu kurz, denn auch hier kann man gewinnen, z. B., was die Selbstbestätigung anbelangt (Abb. 5).

Natürlich gehören auch Wissen, gewisse Tricks und einiges Know-how dazu, um erfolgreich und mit Freude in diesen Sport einzusteigen. Wir werden mit nichts

2

3

4

5

hinter dem Berg halten und Ihnen die richtigen Bälle zuspielen.

Aber allein mit der Lektüre dieses Buches haben Sie bereits das Spielfeld einer der schönsten Sportarten betreten.

Wir, Ihre Autoren, haben uns bei der Reiseroute in die Tenniswelt im übrigen von drei Zielen leiten lassen.

1. Der Inhalt des Buches ist *nicht* in erster Linie durch *unsere* Vorstellungen geprägt, sondern vor allem durch *Ihre* Fragen. Die Tips, Tricks und Informationen, die *Sie* interessieren, haben wir mittels einer Umfrage zusammengestellt. Mit anderen Worten: Wir haben uns von den aktuellen Problemen leiten lassen, die täglich auf dem Tennisplatz – und bereits vorher! – auftauchen.

2. Wir verzichten absichtlich auf »wissenschaftliche« Abhandlungen. Trotzdem gehen wir auf zahlreiche notwendige Einzelheiten ein, um Sie in dieses Fachgebiet einzuführen. Der Lohn für Ihr Engagement in Theorie und Praxis werden viele Erfolgserlebnisse sein und wird Sie immense Freude an diesem Sport gewinnen lassen.

3. Wir bieten Ihnen etwas *Neues!* Zwei spezielle Kapitel (X. und XIII.) können Ihren *Einstieg* in den Tennissport *wesentlich erleichtern* und Ihren *Fortschritt beschleunigen.* Beide Kapitel sollten griffbereit liegen, um Ihnen weiterzuhelfen, wenn Sie sich unsicher fühlen.

Zu guter Letzt möchten wir noch einen weiteren Aspekt hervorheben, dem wir Bedeutung beimessen. In diesem Buch sprechen wir regelmäßig von »Tennisspielern« bzw. »Spielern«. Es ist natürlich keinesfalls unsere Absicht, die »Tennisspieler*innen*« bzw. »Spieler*innen*« außer acht zu lassen. Wir haben diese Form ausschließlich aus Kapazitätsgründen gewählt, denn wir erfreuen uns am Damentennis ebenso wie am Herrentennis, zumal man das Damentennis als die Würze dieser Sportart schlechthin bezeichnen könnte.

So weit, so gut! Nachdem wir uns nun gemeinsam »warm gespielt« haben, steigen wir gleich ins Tennisgeschehen ein.

II. Entstehung des »Königlichen« Sports

Die wenigsten Tennisspieler kennen Herkunft und Entstehung ihrer Sportart. Sie sollen jedoch zumindest in den Grundzügen darüber informiert sein.

Das Wort »Tennis« leitet sich von dem französischen Wort »tenez« (»nehmt«, »haltet«) und dem lateinischen Begriff »tenere« (»halten«) her. Vor Hunderten von Jahren erscholl der Ruf »tenez« (»da nehmen Sie!«) als Aufforderung an den Gegner, den ins Spiel gebrachten Ball entgegenzunehmen, mit anderen Worten zu parieren.

Der Tennissport, wie wir ihn heute kennen, entwikkelte sich systematisch im Laufe mehrerer Jahrhunderte, ja fast ist man versucht zu sagen, über einige Jahrtausende hinweg. Denn bereits zu Zeiten des Horaz, des römischen Dichters Quintus Horatius Flaccus, gab man sich dem herrlichen Ballspiel in Badehäusern hin, bis die Körper vor Schweiß glänzten. Damals spielte man mit einer Blase aus getrockneter Haut, die, gemäß einer Überlieferung, mit einem wuchtigen Armschlag ins Spiel gebracht wurde.

Keine Angst, Sie haben es heute einfacher, sich spielerisch fit zu halten!

Das dominierende »Gerät« im Sport war jedoch auch damals bereits der Ball. Schon unsere Vorfahren entwikkelten einen ungeheuren Einfallsreichtum, wenn es galt, neue Arten des Ballspiels zu ersinnen.

Der direkte Vorläufer des heutigen weißen Sports ist das französische Spiel »Jeu de paume«, eine Sportart, die etwa seit dem 13. Jahrhundert »ins Spiel gebracht« wurde. Der Begriff leitet sich aus dem lateinischen Wort »palma«

und vom altfranzösischen Ausdruck »paulme« (»Handfläche«) her. Nachdem man sich zunächst so manche Verletzung beim Schlagen mit der Hand zugezogen hatte, entwickelte man Lederhandschuhe und anschließend die ersten »Raquettes« (»Schläger«).

Die rechteckige Form des Spielfeldes wird übrigens auf die Architektur der Klosterhöfe zurückgeführt (Abb. 6), in denen fleißig die Bälle geschlagen wurden.

Auf dem ersten »weltlichen« Platz wurde 1230 in Poitiers (Mittelfrankreich) gekämpft.

Das »Jeu de Paume« war zunächst stark auf die höfischen Kreise beschränkt. Viele Könige in Frankreich und England ergötzten sich an dem Spiel.

Offensichtlich war es eine hohe Kunst, mit der damaligen Ausrüstung so etwas wie einen längeren Ballwechsel zustande zu bringen. Die Bälle wurden recht primitiv zusammengenäht und besaßen demnach einen hinderlichen Saum. Daß sich hierin überdies einige Gefahren verbargen, drückt die Verordnung des (spanischen) Königs Alfonso des Weisen (1221–1284) aus dem Jahre 1255 aus, die der Kuriosität halber zitiert sei:

> »Wer einen Passanten auf einem vielbesuchten Platz tötet, weil er auf einem Platz spielte, der nicht dazu vorgesehen ist, wird als Mörder beschuldigt – und ohne mildernde Umstände hingerichtet.«

Und daß nicht nur heute mit viel Einsatz gespielt wird, sondern auch bereits im »Jeu de paume« mit aller Energie gekämpft wurde, beweist folgende Anekdote:

> »Louis X., genannt der Streitbare, befand sich im Jahre 1316 im Wald von Vincennes (bei Paris). Er betrieb just jenes Spiel, das er beherrschte, nämlich ›paume‹. Allerdings spielte er bis zur totalen Erschöpfung, ja fast bis zur Selbstaufgabe. Danach ruhte er in einer Höhle und trank eine Kelle Wasser. Er trank jedoch so viel, daß ihn schließlich ein leidiger Fieberfrost packte. Das Fieber schüttelte den ganzen Leib durch und durch – bis ihn die Diener endlich zu Bett brachten –– wo er

A PARIS
Chez Charles Hulpeau

seine Federn verlor und seine Kiele«. (Wahrscheinlich »Vogelkiel« – »Federn und Kiel« verlieren – symbolisch für »Haut und Knochen«).

Auf gut deutsch: der »Streitbare« hatte so heftig um den Ball gestritten, daß er dafür sein Leben hatte drangeben müssen!

Doch lassen Sie uns eine Brücke zur Zeit des heutigen Tennissports schlagen, die mit dem berühmt gewordenen englischen Major Walter Clopton Wingfield 1874 begann. Wingfield entwickelte damals das Rasentennisspiel »Sphairistike«, das 1877 von seinen Landsleuten Walsh, Jones, Heathcote und Marshall verändert und seither im Prinzip unverändert beibehalten wurde – auch mit derselben, vor allem den Anfänger verwirrenden Zählweise.

In diesem Zusammenhang sei ein Blick hinter die Kulissen der Herkunft dieser Zählweise erlaubt, ein Stück interessante Geschichte, die den meisten Tennisspielern nicht bekannt ist.

Dazu zunächst ein Ausflug in die Zählweise heute:

Ein »Satz« gilt als gewonnen, wenn ein Spieler 6 gewonnene »Spiele« erzielt. Der »Satz« muß jedoch mit mindestens 2 »Spielen« Abstand gewonnen werden (z. B. 7:5).

Ein »Spiel« gilt als gewonnen, wenn ein Spieler 4 Punkte erreicht hat, also z. B. 15:0, 30:0, 40:0 plus den Spielpunkt, oder wenn er nach dem Spielstand 40:40 (»Einstand« genannt) 2 weitere Punkte erzielt oder nach seinem »Vorteil« 1 weiteren Punkt erreicht. Aber lassen wir die Komplikationen zunächst beiseite. 4 Punkte bedeutet also: 15:0 (= 1. Punkt), 30:0 (= 2. Punkt), 40:0 (= 3. Punkt), . . .:0 (= 4. Punkt).

Eine seltsame Zählweise! Sie wird darauf zurückgeführt, daß man im alten Frankreich das »Jeu« (»Spiel«) an den Höfen mit Geldeinsatz spielte. Pro Spiel setzte man 60 Sous (Sou = ehemalige französische Währungseinheit) ein. Für jeden verlorenen Punkt waren 15 Sous zu zahlen, also bestand ein Spiel aus vier Punkten. Nach einiger Zeit verschwand die Zahl 60 und wurde durch das Wort »Jeu« (Spiel) ersetzt. Also: 15:0, 30:0, 40:0, Jeu. Die Engländer vereinfachten diese Zählweise weiter, das lange »Forty-five« (= 45) (also 3 Punkte mal 15 Sous) verschwand zugunsten des kürzeren »Forty« (= 40). Außerdem führte man das »Vorteil Aufschläger« bzw. »Vorteil Rückschläger« nach »Forty«:»Forty« (40:40) ein, um nicht zu Spielständen von vielleicht 105:105 zu kommen, da dem jeweiligen Gewinner eines Punktes ja immer 15 hinzuaddiert wurden. Wer nach seinem »Vorteil« den nächsten Punkt erobern konnte, war damit Gewinner des Spiels. Im Kapitel »Tennisregeln der ITF« ist die heutige Zählweise genau erklärt.

Kommen wir nun zum Nabel der Tenniswelt, dem »All England Croquet and Lawn Tennis Club«, oder ganz einfach dem Tennisverein von Wimbledon. Hier fand am 9. Juli 1877 das erste Tennisturnier statt. Bis heute wird an diesem Ort Tennisgeschichte geschrieben. Wimbledon ist nach wie vor Mittelpunkt der internationalen Turnierserien. Traditionsgemäß wird auch heute noch auf wohlgepflegtem Rasen gespielt.

Aber die allgemeine Entwicklung nahm rapide ihren Fortgang. Tennis breitete sich in vielen Ländern der Erde aus und wurde zu einer der beliebtesten Sportarten. Tennisschuhe erliefen sich sozusagen den gesamten Globus. Und auch in der Bundesrepublik Deutschland ging die Entwicklung mit Siebenmeilenstiefeln voran.

III. Entwicklung zum Breitensport

Den smarten, sportlich engagierten Engländern ist es zu verdanken, daß das Tennisspiel auch nach Deutschland exportiert wurde. Bereits 1876 wurden in Bad Homburg vor der Höhe die ersten Bälle geschlagen, weitere Kurorte wie Baden-Baden und Bad Pyrmont schlossen sich an. Doch auch Freiburg und vor allem Hamburg waren wichtige deutsche Städte in der Pionierzeit des Tennis. Schon 1892 wurden in Hamburg die 1. deutschen Internationalen Meisterschaften ausgetragen. Nur durch die beiden Kriegsperioden in der Entwicklung unterbrochen, interessieren sich heute mehr und mehr Menschen für diesen rasanten Sport. Zugegeben, zunächst blieb Tennis den etwas begüterten Zeitgenossen vorbehalten. Das Angebot an Plätzen nahm sich zunächst eher bescheiden aus. Doch im Gleichschritt mit wirtschaftlicher Solidität, allgemeinem Fortschritt und zunehmender Freizeit entwickelte sich ein Boom mit einer ungeheuren Eigendynamik.

Seit Mitte der 70er Jahre erleben wir in der Bundesrepublik Deutschland einen Tennisboom, wie ihn sich selbst die kühnsten Optimisten nicht vorgestellt hatten. Die Bundesbürger werden sportlich immer aktiver. Ein Drittel aller Erwachsenen (15 Millionen) treibt regelmäßig Sport – d.h. mindestens acht Stunden pro Woche. Neun Prozent der gesamten Freizeit werden mit Sportaktivitäten ausgefüllt, das sind umgerechnet 8,6 Milliarden Stunden pro Jahr. Und der Trend ist nicht aufzuhalten. Im Soziologie-Jargon liest sich das folgendermaßen: »Sportlich weniger aktive Bevölkerungsgruppen nehmen der Zahl nach ab und werden durch Menschen mit hoher Aktivitätsneigung ersetzt« – eine Formulierung, die wir Ihnen nicht vorenthalten wollen, denn das heißt nichts anderes als »Fitness auf dem Vormarsch«.

Doch sprechen wir vom Tennis. Mehr als die Hälfte der bundesdeutschen Bevölkerung interessiert sich seit dem Wimbledon-Erfolg von Boris Becker für Tennis, wenn auch oftmals nur am Bildschirm. 1,7 Millionen Bundesbürger sind derzeit als Mitglieder in etwa 8000 Tennisvereinen bzw. -abteilungen registriert. Mindestens noch einmal so viele spielen gelegentlich auf privaten Plätzen, ohne Mitglied in einem Verein zu sein, wobei die tennisspielenden Damen inzwischen sogar zahlenmäßig mehr Elan zeigen als die Herren.

Und eine Unzahl weiterer Zeitgenossen möchte gerne Tennis spielen. Untersuchungen schätzen diesen interessierten Personenkreis auf mehrere Millionen. Eine andere Hochrechnung kommt sogar auf über sechs Millionen Interessenten, die gerne den Schläger schwingen würden. Natürlich reichen die heutigen Kapazitäten an Plätzen bei weitem nicht aus, wodurch vielen, jedenfalls ohne die richtigen Informationen und Tips, die Aufnahme des herrlichen Sports verwehrt bleibt. Doch man *kann* es auch richtig anpacken, wenn man in »seiner« Gegend mit dem Tennissport beginnen will.

Nach Fußball nimmt Tennis aufgrund des öffentlichen Interesses und seines positiven Images mittlerweile eindeutig die Nummer 2 im deutschen Sport ein. Das verdeutlicht auch eine andere Zahl: ARD und ZDF übertrugen 1985 erstmals mehr Tennis als Fußball. Rechnet man das Davis-Cup-Finale von München dazu, flimmerte Tennis im Jahre 1985 über 80 Stunden lang über die Bildschirme, fast doppelt so lang wie Fußball und sechsmal mehr als 1983. Und: Wußten Sie, daß Tennis heutzutage an Tausenden von Schulen unterrichtet wird? Auch über diesen Weg werden zukünftig immer mehr Talente entdeckt werden und Tennis an Attraktivität noch weiter zunehmen.

Kürzlich wurden sogar Tennis-Leistungsabzeichen ähnlich den bekannten Sportabzeichen vorgestellt. Damit wird die Trimm-Bewegung und der Breitensport noch intensiver gefördert. Apropos Breitensport: Gibt es daran noch einen Zweifel? Sicher nicht!

Doch worin liegt nun das Geheimnis des Tennissport-Booms? Welche Ursache hat es, daß diese Sportart seit nunmehr einer ganzen Reihe von Jahren stetig auf der Beliebtheitsskala steigt? Und das bereits vor »Bum-Bum-Becker«!

Ja natürlich gibt es ein Geheimnis, das auch für Sie von Bedeutung ist. Und wir werden es Ihnen verraten, denn es wird *auch Sie* veranlassen, Tennis mit ganz neuen Augen zu sehen.

IV. Gesunder Sport für jedes Alter

»Es geschah in Wiesbaden im Jahre 1973. Der alte Professor mit seinem schlohweißen Haar entstieg regelmäßig einmal pro Woche einem Taxi und betrat, mit einem Holzschläger der Marke Dunlop Maxply in der Hand, eine der ersten Tennishallen zur damaligen Zeit. Er mochte etwa 75 Jahre zählen. Auffallend waren seine vorsichtige Gangart und das stete Zittern der Hände, als er den Tennislehrer begrüßte. Er stellte sich einen Meter vor die Grundlinie des Spielfeldes, und der Lehrer begann schließlich, ihm die Bälle zuzuschlagen.

Der alte Professor lebte sichtlich auf. Während der Schlagarbeit war von seinem Zittern nichts mehr zu sehen. Ja er begann sich sogar zu beschweren, als ihm der Tennislehrer die Bälle in guter Absicht allzu bequem vor den Körper spielte. Drückte sein Gesicht bei der Ankunft Bedächtigkeit und Vorsicht aus, so spiegelte sich nun Freude darin. Mit sich und der Welt zufrieden schlug er einen Ball nach dem anderen. Vergessen war die Vergangenheit, Gebrechen existierten plötzlich nicht mehr. In diesem Moment gab es für ihn nur die Gegenwart und die Freude an ›seinem Sport – am Tennis‹.«

Dies berichtete uns ein ehemaliger Tennisschüler, der heute als Tennislehrer arbeitet, für den diese kleine Geschichte zum Schlüsselerlebnis wurde. Spätestens in diesem Augenblick erkannte er den großen Wert dieser Sportart in seinem vollen Ausmaß. Und hierin liegt ein Geheimnis dieses Ballspieles:

Sie können Tennis bis ins hohe Alter spielen.

Immer abhängig von Ihren jeweiligen Fitness-Zustand können Sie Tennis schnell, langsam, aggressiv oder bedächtig spielen, immer *gemäß dem für Sie richtigen* Schwierigkeitsgrad. *Sie* sind der König zwischen Ihren Linien, *Sie* bestimmen die Gangart. Wieviele Sportarten – muß man fragen –, die gleichzeitig die Freuden eines Ballspiels bieten, kann man bis ins hohe Alter betreiben? Richtig, es sind nur sehr wenige.

Mittels Tennis beschafft man sich die dringend notwendige Bewegung. Wir sollten uns in Erinnerung rufen, daß unser Körper ein Bewegungsorganismus ist, dem die Umstände der Industriegesellschaft ein unnatürliches Verhaltensschema aufgezwungen haben.

Was macht das Leben lebenswert, was *ist* Leben? Sogar Philosophen definieren es als *Bewegung!* Bewegung macht fit und hält jung, und man bleibt belastbar. Einige Zeitgenossen kommentieren gelegentlich: »Nun, ich bin jetzt 50 Jahre alt, was soll ich noch anfangen?« Aber was bedeuten eigentlich diese 50 Jahre? 50 ist nur eine Zahl! Treffender, als es Professor Hollmann von der Universität Köln ausdrückte, kann es kaum formuliert werden:

»Das Alter ist nur eine *numerische* Definition – Das *wirkliche* Alter zeigt der Zustand Ihres Organismus.«

Professor Hollmann faßte das Resultat einer Forschungsreihe über das Altern im übrigen wie folgt zusammen:

»Wir haben festgestellt, daß ein 70jähriger *qualitativ genauso trainierbar* ist wie ein Mensch zwischen 20 und 30 Jahren.«

Die Alterspalette der dabei getesteten Personen reichte von 56 bis 70 Jahren. Unter »trainierbar« verstehen die Mediziner die Fähigkeit des Organismus, auf sportliche Betätigung mit positiven organischen Veränderungen zu reagieren. Nebenbei bemerkt, die Forschungsreihe läuft zur Zeit mit *noch älteren* Personen weiter!

Das einzige Hindernis, einen Sport zu ergreifen oder fortzuführen, ist das eigene Zögern. Die numerische Anzahl der Jahre ist *nicht ausschlaggebend.* Denken auch *Sie* an den alten Professor ebenso wie an die Forschungsergebnisse der Universität Köln, wenn Sie es sich überlegen, ob Sie noch einen Sport wie Tennis anfangen können, wo man sich spielerisch Bewegung zu verschaffen vermag. Ältere, untrainierte Menschen sollten natürlich vorher ihren Arzt konsultieren.

Zugegeben, es gibt einige Sportarten, die eine regelmäßigere Pulsbelastung ergeben, wie z.B. Langlaufen oder Radfahren. Doch auch im Tennis kommt es auf das Wie an. Und man kann auch hier einen Weg beschreiten, der eine gleichmäßigere Belastung garantiert. Wie dies funktioniert, davon später.

Hohes Alter ist daher kein Argument, auf das Tennisspiel zu verzichten (Abb. 7). Und wie sieht es auf der anderen Seite mit dem jugendlichen Alter aus? Nun, die Überschrift dieses Kapitels hätte ebenso lauten können: *»Tennis von 8 bis 80«*.

Betrachten wir dies als die grobe Zeitspanne, in der man, von Ausnahmen abgesehen, Tennis ausüben kann. Mit den heutigen Materialien sind selbst Kinder im Alter von 6 bis 7 Jahren von dem Sport nicht ausgeschlossen; allerdings nur, wenn das Kind aus eigenem Antrieb Freude am Ballspiel hat. Hobbyraum, Garage, Hof oder jede andere kleine Fläche genügen vollauf. Plastikschläger, leichte Schläger, bei denen der Griff direkt am Schlägerkopf sitzt, sind besonders geeignet, dem Kind die ersten tennisorientierten Schritte nahezubringen. Mit zunehmendem Alter kann man Kinder- und Jugendschläger mit unterschiedlichen Längen und Gewichten benutzen. Im Alter von 7 bis 9 Jahren ist das Kind im allgemeinen sehr zugänglich und kann – sofern es ihm Vergnügen macht – einem Training mit lockeren Grundformen des Tennissports unterzogen werden. Über Kindertennis existiert sogar ein eigener Lehrplan im Rahmen des Deutschen Tennis Bundes. Der abgebildete Max (Abb. 8) stellt altersmäßig sicherlich eine Ausnahme dar, die jedoch keinesfalls unmöglich ist.

7

8

Zusammengefaßt kann man also mit Fug und Recht behaupten, daß Tennis fast ein ganzes Leben lang ausgeübt werden darf, gleichgültig, ob man 10, 30, 60 oder 80 Jahre alt ist. Sicherlich will man im fortgeschrittenen Alter kein Davis-Cup-Spieler mehr werden. Aber wer möchte nicht an einem klaren Sonntagmorgen im Sonnenschein seinen Körper zwischen den weißen Linien austoben, den Ball mit Elan schlagen, bis sich Schweiß auf der Haut bildet und sich ein Glücksgefühl ganz besonderer Art einstellt? Als Nebeneffekt sozusagen lernt man neue Leute kennen, mit denen man spielen, reden, lachen und sich Kurzweil verschaffen kann. Tennis ist im übrigen nicht schwerer erlernbar als andere Sportarten.

Es kann jedoch für jene Zeitgenossen aufwendiger sein, die noch niemals zuvor mit Bällen gespielt haben, da diese Personen im Rückstand hinsichtlich der Ballberechnung und der Koordinierung von Ball, Körper und Schläger sind. Doch auch hierfür existieren Lösungen, die wir später vorstellen werden. Tennis ist jedenfalls eine eigene Welt, die sich *jedem* öffnet, der von dem Wunsch beseelt ist, zu spielen – eine Welt, in der man viele beglückende Erlebnisse haben kann.

9

10

11

12

V. Tennis – Spannung und Vielfalt

Welche Kraft fühlt man in sich nach einem mit vollem Einsatz erlaufenen Ball, nach dem Hineingrätschen in die Flugbahn des Balles und der gleichzeitigen Streckung des Körpers, während der Schläger nach vorne fliegt und der Ball mit sattem Vorwärtsdrall am vergebens gestreckten Arm des Gegners vorbei seine Bahn zieht? Ein Hochgefühl stellt sich ein und stimuliert die eigenen Emotionen!

Nach jedem Ballwechsel, nach jedem Einzelspiel – außer beim Bälleschlagen – stehen sich ein Gewinner und ein Verlierer gegenüber. Das ist nicht immer einfach zu nehmen, auch nicht für einen John McEnroe, wie man weiß. Es gehört eine gewisse menschliche Größe dazu, gute Leistungen des anderen anzuerkennen – und gleichzeitig kontinuierlich an der hohen Kunst zu arbeiten, sich positiv mit dem Ego auseinanderzusetzen. Tennis, die permanente Herausforderung des eigenen Ich und die eines Gegenüber, erhält dadurch die Würze und das Tüpfelchen auf dem »i«.

Körper und Geist arbeiten ständig; müssen Schläger, Besaitung, Bälle, Platzanlage, Zuschauer, Bodenbelag, Witterungs- und Lichtverhältnisse und vor allem die Absichten des Gegners und eigene Betrachtungen akzeptiert und kontrolliert werden. Und das alles bei einem atemberaubenden Tempo.

Tennis ist darüber hinaus eine Universalsportart, die viele Elemente anderer, attraktiver Sportarten enthält (Abb. 9–13). Das lange Durchhalten, die Ausdauer, die vielen Sprints zum Netz, das weite Springen zum Erreichen des Passierballs des Gegners, das Hochspringen zum Schmetterball, das Werfen und Schlagen des Balls, das Schwingen des Schlägers, die gewandte Beinarbeit, um immer richtig zum Ball zu stehen, und die vielen taktischen Erwägungen bilden das Spektrum dieser ästhetischen Sportart. Zusammen mit der Spannung des Spiels sind diese Bewegungselemente die Ursache für den Ausspruch so vieler Tennisspieler: »Einmal Tennis – immer Tennis!«

VI. Tennis hat immer Saison

Bis vor wenigen Jahren war es üblich, daß die Tennisspieler unserer Breiten spätestens im Oktober ihre Tennisschläger für den Winter beiseite legten und sehnsüchtig dem nächsten Frühjahr entgegenfieberten. Tennis im Winter war so gut wie unbekannt. Doch auch hier haben sich mittlerweile grundlegende Veränderungen ergeben. Neben weit mehr als 40000 Freiplätzen in der Bundesrepublik Deutschland stehen inzwischen zusätzlich etliche tausend Hallenplätze zur Verfügung. Tennis hat sich zum Ganzjahressport gewandelt.

»Einmal Tennis – immer Tennis« ist kein leeres Schlagwort mehr. Immer heißt, daß man im Sommer *und* im Winter spielen kann, wenngleich die Kosten in der kalten Jahreszeit höher liegen. Doch auch im Winter steigen die Kosten nicht ins Astronomische. Glücklich können sich die Mitglieder derjenigen Vereine schätzen, die über Hartplätze (z. B. Asphalt- und Kunststoff-Verbund-Böden) im Freien verfügen, denn deren Saison ist länger. Die Plätze sind quasi immer bespielbar, außer bei Regen, Schnee oder in allzu großer Kälte. Außerdem erfreulich: Die Benutzung während der gesamten Saison ist mit dem Jahresbeitrag abgedeckt.

Erwähnenswert sind des weiteren Schul- und Turnhallen. Obwohl das Tennisspiel auf Parkett- oder PVC-Böden beschleunigt wird, vermag man auch hier bei langsamem Schlagrhythmus und besonders frühzeitigem Ausholen zu seinem Trainingsspaß zu kommen. Auch einfach senkrechte Wände in Tennisvereinen, Schulen und selbst an Garagenbauten bieten dem Emsigen Möglichkeiten zum Training. Im übrigen ist diese Spielerei nicht ohne Vorteil, da die Wand den Ball *immer* zurückbringt, was einem Partner im Anfängerstadium sicher nicht regelmäßig gelingt. Ihnen bieten sich also vielfältige Möglichkeiten!

VII. Verein oder Mietanlage

Verein und kommerzielle Anlage unterscheiden sich vor allem in der Organisation des Spielbetriebes, aber auch hinsichtlich gesellschaftlicher Faktoren und der Kosten.

Vielen Tennisanlagen ist jedoch in der Regel eines gemeinsam: Sie sind überlaufen. Grund: der Tennisboom. Das Angebot kann mit der Nachfrage nicht Schritt halten. Deshalb sieht man sich in Vereinen (Abb. 14) oftmals mit Wartelisten konfrontiert. Und in den Mietanlagen sind die besten Abend- und Wochenendstunden meist längst vergeben. Aber, wie schon ein berühmter Feldherr einst sagte: Nur die Hartnäckigen gewinnen die Schlachten. Offenbar fängt das Match bereits *vor* dem eigentlichen Spiel an. Denn auch hier lassen sich Tricks und Wege finden, um »an den Ball zu kommen«.

Zunächst sollten Sie entscheiden, ob Ihnen auch am gesellschaftlichen Teil des Sports gelegen ist oder ob Sie ausschließlich – ohne Wartezeiten hinnehmen zu müssen – am regelmäßigen Spiel interessiert sind.

Ein nettes Vereinsleben kann für Ihre Freizeitgestaltung jedoch eine wertvolle Bereicherung darstellen (Abb. 15). Im Verein treffen Sie neue Menschen, sitzen bei einem Getränk oder Essen zusammen und sprechen mit Gleichgesinnten.

Hinzu kommt, daß Sie gegen eine einmalige Aufnahmegebühr (in der Regel einige hundert Mark) und mit einem festen Jahresbeitrag (von ebenfalls einigen Hundertern) in jeder Saison so oft spielen können, wie Sie möchten. Viele Vereine bieten darüber hinaus Vergünstigungen für Jugendliche und Familien an.

Aber wie lautet die Sesam-öffne-dich-Formel?

Wartelisten sind, wie wir wissen, nicht selten. Hierzu einige Tips:

- Machen Sie zunächst die Tennisvereine bzw. die Tennisabteilungen in Ihrer Nähe ausfindig. Erkundigen Sie sich nach der Mitgliederzahl und ob eine Warteliste besteht. Auch die jährliche Fluktuation in diesem Verein ist von Bedeutung. Scheiden pro Jahr 30 bis 40 Mitglieder aus, können Sie Ihre Aufnahmechancen leicht ausrechnen.
  Manchmal werden Wartelisten durch den Neubau eines oder mehrerer Plätze gänzlich aufgelöst; fragen Sie also nach eventuellen Bauvorhaben. Gute Chancen bieten sich schließlich auch in Gemeinden oder Stadtteilen der *Umgebung* sowie bei der *Neugründung* von Vereinen. Sehr gute Informationen können Ihnen darüber hinaus gewöhnlich Tennislehrer liefern – das gehört zu ihrem Service einem möglichen Kunden gegenüber.

- Seien Sie nicht zu wählerisch und fassen Sie rasch die sich bietenden Gelegenheiten beim Schopf. Lassen Sie sich bei Überbelegung aller Platzkapazitäten der Umgebung in *mehreren* Vereinen auf die Warteliste setzen. So haben Sie mehrere Eisen im Feuer und können dem ersten Verein beitreten, der Sie aufnehmen kann. Damit schädigen Sie die Vereine, denen Sie dann eine Absage erteilen müssen, keineswegs, da deren Warteliste ohnehin genug Personen enthält, die auf eine Mitgliedschaft warten.

- Haben Sie Probleme, die Anschriften aller Vereine in Ihrer Umgebung in Erfahrung zu bringen, so rufen Sie den Deutschen Tennis Bund in Hannover an und lassen sich die Telefonnummer Ihres lokalen Verbandes geben. Dort erfahren Sie alle weiteren Adressen.

14

15

- Wenn Sie den Verein Ihrer Wahl gefunden haben und die Aufnahme bevorsteht oder erfolgt ist, müssen Sie sich zunächst orientieren. Als Neuling sollten Sie zu Beginn Ihrer Tenniskarriere unbedingt häufiger auf dem Platz erscheinen und mit den Mitgliedern, dem Platzwart und dem Tennislehrer persönlich sprechen. Halten Sie Augen und Ohren offen und beobachten Sie den Spielbetrieb sowie das übrige Vereinsleben. Dabei werden Sie schon bald das Platz-Reservierungssystem kennenlernen und gewisse Leerlaufzeiten entdecken, so daß Sie nicht mehr in Ihrem Spieldrang durch die intensive Nachfrage während der frühen Abendstunden und bestimmter Wochenendstunden frustriert werden. Darüber hinaus drängt es verständlicherweise fast alle Mitglieder, im Frühling zum Saisonauftakt recht bald die ersten Bälle zu schlagen. Auch sind die Sonntage aufgrund der Meisterschaftsrunden bis Mitte Juni gewöhnlich stark belegt.
  Lassen Sie sich von diesem Gedränge nicht entmutigen. Beobachten Sie, fragen Sie, lernen Sie. Gegen 20.00 Uhr läßt das Engagement in vielen Vereinen spürbar nach. Ebenso birgt das Wochenende Zeiten mit sehr geringer Belegung. Sollten Sie gar tagsüber spielen können, ist dieses Problem für Sie ohnehin gelöst.

- Setzen Sie sich zunächst einige Stunden an den Trainerplatz und schauen Sie in aller Ruhe zu. Hier können Sie eine Menge lernen. Hören Sie dem Trainer zu, sehen Sie sich den Trainingsablauf an und ziehen Sie für Ihr eigenes Spiel Nutzen daraus. Dieser Tip gilt nicht nur für den Anfang.

- Natürlich brauchen Sie einen Tennispartner. Seien Sie nicht ungeduldig, wenn nicht gleich die Turnierspieler des Vereins mit Ihnen Bälle wechseln. Lernen Sie die anderen Neulinge kennen. Diese befinden sich in der

16

gleichen Situation wie Sie. Sollten Sie Trainerstunden nehmen, wird Ihr Trainer Sie darüber hinaus mit geeigneten Partnern zusammenbringen. Oder hängen Sie einen Zettel ans schwarze Brett: »ANFÄNGER SUCHT SPIELPARTNER, TEL. XXXX.«
Denken Sie immer an einen Umstand: Mit guter Kommunikation lösen Sie jedes Problem, das sich Ihnen als Neuling stellt. Seien Sie freundlich, höflich und gehen Sie auf die anderen zu. In kurzer Zeit werden Sie Bescheid wissen und sich Ihren Neigungen entsprechend integriert haben. Alle anderen sind diesen Weg ebenfalls gegangen.

Wie sieht es nun bei Mietanlagen (Abb. 16) aus? Hier verläuft der Spielbetrieb anonymer und wird von Personen vorgezogen, die einerseits an einem Vereinsleben nicht interessiert sind oder andererseits aus Termingründen keine Wartezeiten akzeptieren wollen – wie z.B. Geschäftsleute. Auch sehr viele Vereinsspieler weichen im Winter in die schützende Halle aus.

Weitere Tips hierzu:

- Sie können sicher sein, daß Ihnen die gebuchten Stunden auch zur vollen Verfügung stehen. Sie können Halbjahres- oder Ganzjahresabonnements in Anspruch nehmen. Je nach Lage und Qualität der Hallenanlage sind sehr unterschiedliche Preise zu zahlen. Schauen Sie in die Tageszeitung, fragen Sie Tennisspieler, informieren Sie sich, es lohnt sich für Sie!

- Planen Sie hierbei mindestens ein halbes Jahr im voraus. Nur dann besitzen Sie eine Chance, zu angenehmen Zeiten spielen zu können.

- Kalkulieren Sie die entsprechenden Mietkosten ein, die regional sehr unterschiedlich sind. Wohlgemerkt, dabei handelt es sich um die Platzmiete, ganz gleichgültig, ob Sie zu zweit oder zu viert darauf spielen: Beim Einzelspiel (2 Personen) belaufen sich die Stundenkosten auf die Hälfte, beim Doppelspiel (4 Personen) haben Sie nur ein Viertel der Kosten zu tragen.

Verein oder Mietanlage: Planen Sie nach Ihren Neigungen und Möglichkeiten! In beiden Fällen ist man gut beraten, wenn man sich zunächst rundum informiert. Dann ist man bald am Ball.

Furcht, in einem falschen Verein zu landen, braucht im übrigen nicht aufzukommen – wechseln kann man zu einem späteren Zeitpunkt immer noch!

VIII. Mit oder ohne Trainer beginnen

Tennis lernt man durch das aktive Üben, durch entsprechendes Training. Den berühmten Schalter oder einen Kurzlehrgang von wenigen Stunden gibt es nicht. Wie schnell Sie zu einem für Sie akzeptablen Spiel finden, hängt zum einen von Ihrer Begabung für Ballsportarten und zum anderen von Ihrem Trainingseifer ab. Doch wenn Sie es richtig anpacken, gelangen Sie zügig zu Erfolgserlebnissen.

Die in den nachfolgenden Kapiteln beschriebenen Methoden bieten Ihnen wertvolle Hilfen, sich schnell zurechtzufinden. Aber wir empfehlen Ihnen eindringlich: Beginnen Sie mit einem Trainer (Abb. 17), der sein Handwerk versteht. In der Bundesrepublik Deutschland werden Tennislehrer wie folgt ausgebildet:

Organisation	*Tennislehrer–Status*
14 Landesverbände des Deutschen Tennis Bundes (DTB)	Übungsleiter, B-Trainer
Deutscher Tennis Bund (DTB)	A-Trainer
Trainer-Akademie Köln	Dipl.-Trainer
Verband deutscher Tennislehrer (VDT) in Verbindung mit der technischen Universität München	staatlich geprüfte Tennislehrer

Es sind Bestrebungen im Gange, das Lehrwesen der Tennislehrerausbildung in der Bundesrepublik Deutsch-

Süddeutscher Rundfunk Bibliothek

land zu vereinheitlichen. Es ist grundsätzlich zu Ihrem Vorteil, bei einem Trainer-Profi zu beginnen, der ebenso Pädagoge wie auch Betreuer und Berater ist. Ein Tip in diesem Zusammenhang: Erkundigen Sie sich bei mehreren Spielern oder rufen Sie den VDT in Hanau oder den DTB in Hannover an und lassen sich Adressen geben.

Neben *Vereinstrainern* existiert in Ihrer näheren oder weiteren Umgebung normalerweise auch eine *Tennisschule,* bei der Sie einen Anfänger-Lehrgang belegen können. Hier bietet sich zunächst ein Gruppenkurs an, denn unter Gleichgesinnten trainiert es sich leichter. Die Erfahrung zeigt, daß der Fortschritt in einer Gruppe motiviert. Bei kluger pädagogischer Führung reißt die Gruppendynamik die einzelnen Spieler mit. Jeder möchte zu den besten gehören, niemand begnügt sich damit, der schwächste der Gruppe zu sein. Bei entsprechender Organisation entsteht darüber hinaus ein Gemeinsamkeitsgefühl. Und was ist angenehmer, als gemeinsam Sport zu treiben, zusammen zu trainieren und sich im Team zu betätigen?

Schließlich sind zwei weitere wesentliche Vorteile in Betracht zu ziehen. Sie suchen einen oder mehrere Trainingspartner? Kein Problem! Mit Ihren Trainingspartnern aus der Gruppe können Sie natürlich auch »privat« spielen – was Sie auf jeden Fall in die Wege leiten sollten. Zusätzlich (mindestens) zweimal in der Woche kann man versuchen, das Gelernte weiter zu automatisieren.

Der weitere Vorteil liegt in den Kosten. Gruppentraining ist preiswerter! Achten Sie dabei darauf, daß mindestens eine Ballwurfmaschine zur Verfügung steht, ebenso eine Video-Anlage.

Apropos Video-Anlage: Auch Tennisübertragungen im Fernsehen sind vorzüglich dazu geeignet, den Schlagablauf zu erkennen und mit der eigenen Technik zu vergleichen. Wieder gilt: Beobachten Sie, prägen Sie sich die Schläge ein und vollziehen Sie sie langsam im Geiste, vor dem Spiegel (und auch später in der Praxis) nach. Verges-

NIKE

sen Sie auch das *Zuschauen* beim Tennisunterricht nicht. Um so größer wird der Erfolg in Ihrem eigenen Spiel sein.

Vor allem ist es wichtig, zum Trainer Ihres Vereines einen guten Kontakt aufzubauen. Er ist für Sie von kaum zu überschätzender Bedeutung. Er profitiert von Ihnen – Sie profitieren von ihm. Auch bei Ihrem Vereinstrainer können Sie Gruppenunterricht nehmen. Starten Sie eine Initiative zu zweit oder mit mehreren Interessenten.

Noch ein Wort zur Warnung: Wenden Sie sich nicht an einen der erstbesten besseren Spieler, die – ohne Ausbildung – oft ebenfalls Tennisunterricht erteilen. Das pädagogische und methodische Können ist hier oftmals nicht ausgereift. Wie beim Hausbau setzt man im Tennisunterricht Stein auf Stein und erstellt von ganz unten systematisch ein Gebäude. Richtiger, erfolgreicher Tennisunterricht ist eine hohe Kunst, die einer soliden Grundlage bedarf. Und ein Wort zur Aufmunterung: Die Ausbildung der deutschen Tennislehrer hält jedem internationalen Vergleich stand, deutsche Tennislehrer gehören zur Spitzenklasse!

Denken Sie daran, wenn Sie »Ihren« Tennislehrer suchen. Speziell für die ersten Stunden sollte das Beste für Sie gerade gut genug sein. Denn hier wird das Fundament für Ihr ferneres Tennisleben gelegt.

IX. Die Ausrüstung des Tennisspielers

1. Tennisschläger

Wir erinnern uns, seit ungefähr dem 15. Jahrhundert gibt es Schlaggeräte, die man als Tennisschläger bezeichnen könnte. Damals bog man die auch als »Rahmen« bezeichneten Schläger aus einem Stück Holz, das vorher in heißem Wasser »weich« gemacht worden war. Die sich beim Biegen ergebende Form war bereits dem heutigen Tennisschläger recht ähnlich.

Bis zum Beginn der 20er Jahre unseres Jahrhunderts wurden die meisten Schläger noch aus einem Stück Eschenholz gebogen. Erst ab der Mitte der 20er Jahre fing man damit an, den Schläger aus mehreren Einzelteilen herzustellen. Ein weiterer Fortschritt, vor allem in bezug auf die Lebensdauer und den Gebrauchswert, wurde durch die Erfindung des wasserfesten Leims eingeleitet. Die Schläger verzogen sich nicht mehr so leicht und konnten härter bespannt werden.

Viele Jahre hindurch wurde mit diesen guten Holzschlägern gespielt, die ein unnachahmliches Gefühl beim Auftreffen des Balles vermittelten, von dem Klang ganz abgesehen. Doch die wenigen noch angebotenen Holzschläger verkümmern heutzutage als Ladenhüter in den Regalen der Hersteller und Sportgeschäfte. In den 70er Jahren setzte eine technische Expansion ohnegleichen ein. Experimentiert wurde mit den verschiedensten Materialien und Schlägergrößen.

Anfang der achtziger Jahre gab es immerhin bereits neun verschiedene Modellklassen, d.h. Rahmen aus Holz, Metall und Kunststoff, und diese in den Größen-

18

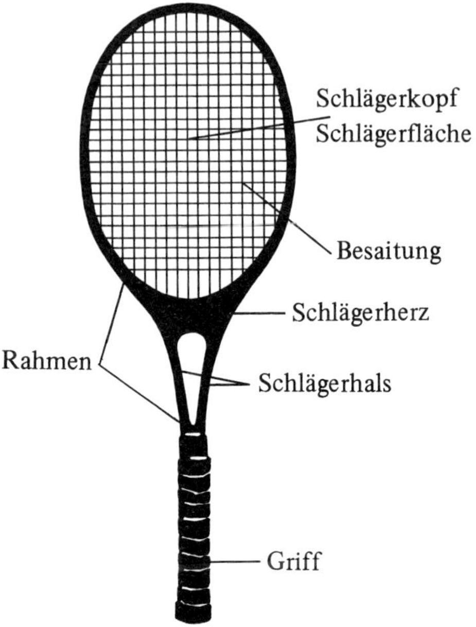

ordnungen »normal«, »mittelgroß« sowie die sogenannten »Großkopfschläger«. Die Zeit verlangte nach einem einheitlichen Reglement. Seit dem 8. Juli 1981 unterliegen alle Tennisschläger (Abb. 18/19) der festgelegten Norm durch die *International Tennis Federation (ITF)*. Diese Festlegung bestimmt folgende Maße:

– max. Länge	81,28 cm
– max. Breite	31,75 cm
– max. Länge der Schlagfläche	39,37 cm
– max. Breite der Schlagfläche	29,21 cm

Die Hersteller reagierten jedoch darauf nicht mit einem reduzierten Angebot. Der Tennisboom bot solch ausgesprochen gute Ertragschancen, daß sogar immer mehr Materialien, teilweise mit Erkenntnissen aus der Weltraumtechnik, benutzt wurden. Ebenso stieg die Zahl der Anbieter beträchtlich. Nur wenige Schläger mit den klassischen Maßen, dem früheren »Normalkopfschläger« ähnlich, überlebten. Man muß kein Prophet sein, um vorauszusagen, daß sie bald ganz verschwunden sein werden. Angeboten werden heute die Circa-Größen »Midsize/Mittelgroß« (+ 20 bis + 30% Schlagfläche des früheren »Normalkopfschlägers«), »Overmidsize/Übermittelgroß« (+ 30 bis + 40% mehr Schlagfläche), »Großkopf« (+ 40 bis + 50% mehr Schlagfläche) und neuerdings sogar noch »Jumbo-Schläger« (mit über 50% größerer Schlagfläche). Sicherlich wird dem Ausmaß dieser Experimente aufgrund der Maximalgrößen-Normen ein Ende gesetzt.

Doch die Innovationsfreudigkeit erstreckt sich nicht

19

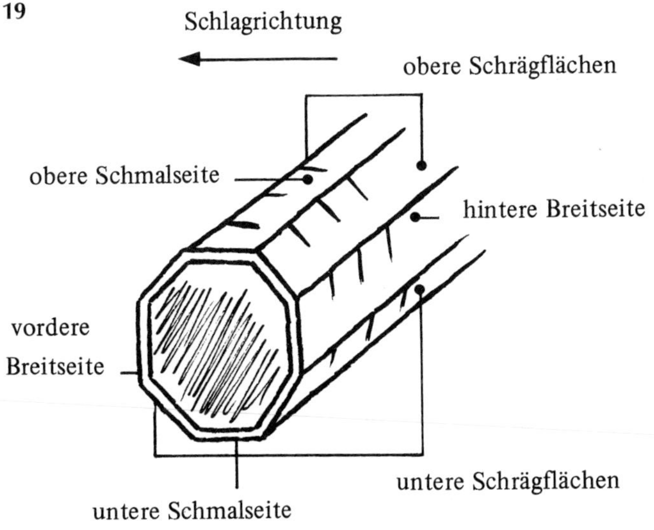

Schlägerangebot für jung und alt, klein und groß (Beispiele)

20

Völkl
»Methodic« (Mitte)

Länge: um 17 cm gekürzt
Größe: + 6 %
Alter: 4 bis 8 Jahre

21

Fischer
»Speedmaster Junior«

Länge: um 5 cm gekürzt
Größe: + 30 %
Alter: 9 bis 13 Jahre

nur auf die verschiedenen Größen (Abb. 20–23). Neueste Materialien, die über den Technikstand von Glas und Graphitfasern hinausgehen, sind Kevlar, Boron, Keramik, Silizium usw.

Alles dient dem Ziel, bei geringem Gewicht gleichzeitig eine höhere Beschleunigung, gute Schlagpräzision sowie gute Vibrationsdämpfung zu gewährleisten. Nicht zu vergessen, das notwendige Ballgefühl und der Spielkomfort.

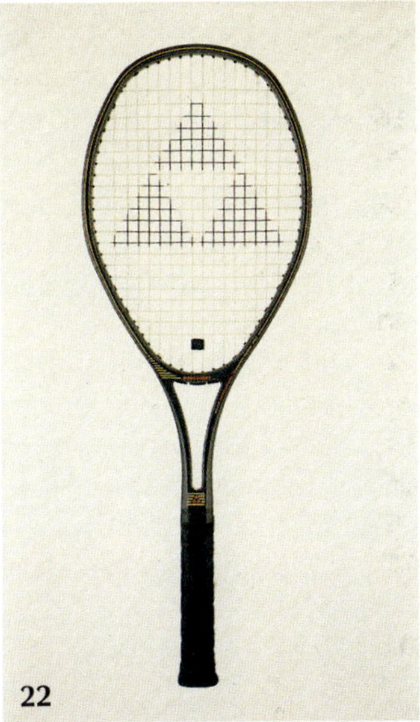

22

Fischer
»Superform Open Lite«

Länge: normal
Größe + 30 %
Alter: Jugendliche/Erwachsene

23

Fischer
»Superform King Size Tuning«
mit verstellbarer Bespannungshärte

Länge: normal
Größe: + 45 %
Alter: Jugendliche/Erwachsene

Diese Ausführungen können nur als Kurzbeschreibung der auf dem (verhältnismäßig unübersichtlichen) Schlägermarkt vorherrschenden Modelle dienen. Selbst der fortgeschrittene Spieler findet sich in diesem Dschungel heute selten zurecht. Ja selbst der Profi muß sich stark engagieren, um up-to-date zu sein.

Dennoch haben die Experimente den Tennisspielern eine ganze Reihe von Vorteilen gebracht. Die Schläger sind nicht nur leichter, sondern auch ausgewogener geworden, d.h., eine gleichmäßigere Gewichtsverteilung über den ganzen Rahmen unterstützt die Handhabung.

Zusätzlich kommen die größeren Schlägerflächen den Tennisspielern sehr entgegen. Der sogenannte »sweet spot«, diejenige Fläche im Schlägerkopf, die den Ball bestmöglich retourniert, vergrößerte sich ebenfalls. Und damit stieg die Trefferquote der Tennisspieler spürbar. Die Ballwechsel wurden länger, wodurch sich nicht nur die Spielspannung erhöhte, sondern auch der Trainingseffekt zum Nutzen der Tennisspieler.

Noch ein wichtiges Wort zu den Kosten: Moderne Schläger kosten bis auf wenige Ausnahmen mehr als die ehemaligen Holzschläger. Für 150,– DM erhielt man vormals einen Holzrahmen bester Qualität. Aber Holz besitzt die negative Eigenschaft, nicht lange haltbar zu sein – im Gegensatz zu modernen Materialien, die strapazierfähiger, daher wesentlich langlebiger und aus diesem Grunde deutlich preiswerter sind.

Lassen Sie uns nun einige wichtige Kriterien nennen, die es Ihnen erleichtern werden, *Ihren* Tennisschläger zu entdecken.

1. Nehmen Sie sich Zeit. Lassen Sie sich zu keinem Spontankauf hinreißen.
2. Sprechen Sie mit Ihrem Tennislehrer. Er wird in der Lage sein, Ihnen einen Schläger zu empfehlen, der Ihren Kräfteverhältnissen und Ihren Spielzielen entgegenkommt.
3. Letztlich entscheiden jedoch *Sie*. Der Schläger muß *Ihnen* angenehm in der Hand liegen. Sie müssen ein gutes Gefühl dabei empfinden. Gleichzeitig sollte der Schläger Ihnen *gefallen*, ein psychologischer Aspekt, der nicht zu unterschätzen ist.
4. Wir empfehlen Ihnen einen Schläger der »übermittelgroßen« Art, also mit etwa 35% größerer Schlägerfläche, gemessen am Normalkopfschläger. Dies ist nur ein erstes Richtmaß für Ihre Schlägerauswahl.

Auch etwas kleinere oder etwas größere Schläger können nicht falsch sein, wenn Ihnen das Schlaginstrument hervorragend in der Hand liegt.

5. Wählen Sie *keinen zu schweren* Schläger, da sich zu schwere Schläger bei einer Reihe von Schlägen negativ auswirken. Leichte (L) und leichtmittelschwere (LM) Schläger werden von Jugendlichen und Damen, jedoch auch von vielen Herren (LM) heutzutage bevorzugt.
   Für Herren werden außerdem, in reduziertem Maße, mittelschwere (M) Schläger angeboten. Die in Klammern angeführten Buchstaben sind auch auf dem Schläger vermerkt. Also nochmals: *Bevorzugen Sie im Zweifelsfalle eher leichtere Schläger.*
6. Der Griff darf nicht zu dünn sein, aber auch nicht wie ein Ast in der Hand liegen. Wenn Sie den Schläger bequem in die Hand nehmen und mit Daumen und Fingern umfassen, sollte der Zwischenraum zwischen Daumenballen und Fingerspitzen maximal eine Fingerbreite betragen, eher etwas weniger.
   Diese Tabelle gibt einen Überblick über Gewichte und Griffstärken:

Gewichts-bezeichnungen	Gewicht	Griffstärken
Leicht/Light »L«	bis 369 g	2 – 5
Leicht–Mittel/ Light–Medium »LM«	369–383 g	3 – 6
Mittel/Medium »M«	383–397 g	3 – 6

Griffstärken	Griffumfang in Millimetern	Zoll
2	108	4 1/4
3	111	4 3/8
4	114	4 1/2
5	117	4 5/8
6	120	4 3/4

7. Achten Sie darauf, daß der Schläger nicht »kopflastig« ist. Wählen Sie »ausgewogene« oder »grifflastige« Rahmen. Ihr Tennislehrer kann Ihnen auch hier mit Rat zur Seite stehen. In guten Sportgeschäften steht darüber hinaus normalerweise eine Schlägerwaage zur Verfügung. Lassen Sie sich die Gewichtsverteilung anhand der Waage demonstrieren.
8. Schaffen Sie sich keinen Schläger an, der sehr hart ist und z. B. nur aus Graphit oder Boron besteht. Darunter leidet der Spielkomfort. Ein am Anfang stehender Spieler kann diese Rahmen nicht gut kontrollieren. Kunststoffschläger oder Schläger mit Beimischungen aus Kunststoff sind empfehlenswerter.
9. Fragen Sie Ihr Sporthaus nach einem oder mehreren Testschlägern. Diese sind in der Regel vorhanden, wenn auch meistens nicht mehr optimal besaitet. Tennisschulen stellen oftmals Schläger zur Verfügung, so daß Sie nach einigen Stunden eine sicherere Entscheidung treffen können.
10. Denken Sie daran, der Tennisschläger ist Ihr verlängerter Arm und ein wichtiges Werkzeug. Fällt Ihnen die Wahl zu schwer, fühlen Sie sich unsicher oder steht Ihnen keine Zeit zur Verfügung, so sprechen Sie – wie gesagt – mit Ihrem Tennislehrer. Er ist Fachmann und normalerweise kompetenter als der Verkäufer eines Sportgeschäftes. Einige Sporthäuser beschäftigen jedoch sogar auch Tennislehrer! Erkundigen Sie sich danach, es kostet nichts.
11. Steigen Sie preislich nicht zu hoch ein. Bei dem heutigen großen Angebot werden Sie sicherlich mehrere Schläger in die engere Wahl ziehen können. Die Wahrscheinlichkeit ist gegeben, daß hierunter auch preiswertere Modelle sind.

BABOLAT
MAILLOT
WITT
les cordes en boyaux
24

2. Besaitung

Für diejenigen, die auch über dieses Thema etwas mehr in Erfahrung bringen möchten, anbei einige Anmerkungen zur Geschichte der Tennisbesaitung:

Seit etwa 1875 wurden *Darmsaiten* aus Schafsdarm für Tennisschläger produziert. Aufgrund seiner Qualität und besonderen Zusammensetzung betrachtete man den Dünndarm des Schafes als den besten Rohstoff für Tennis-Naturdarmsaiten. Leider änderte man die Ernährung der Schafe durch Zufütterung von chemischen Mitteln, wodurch die Därme weicher wurden. Außerdem ging man dazu über, die Tiere nach drei Monaten zu schlachten, statt nach sechs Monaten. Somit konnte sich der Schafsdarm weniger entwickeln, er wurde weicher und weniger haltbar und verlor an Elastizität.

Die Saitenhersteller sahen sich deshalb gezwungen, nach anderen Rohmaterialien Ausschau zu halten. Man entdeckte die Rinderdärme und entwickelte Herstellungsmethoden, die den Saiten die gleiche Elastizität verliehen wie jenen, die durch Schafsdärme produziert worden waren.

Etwa in der Mitte dieses Jahrhunderts wurde mit der Herstellung von *Kunstsaiten* begonnen. Heute unterscheidet man zwischen gespritzten Kunstsaiten, die aus einem einzigen Strang bestehen und mehrfaserigen Saiten, bei denen die einzelnen Fasern miteinander verklebt, gefaltet und verdreht werden.

Kunstsaiten unterliegen geringeren Qualitätsschwankungen als Naturdarmsaiten. Der Klang der Kunstsaite sowie die Spieleigenschaften werden von vielen Spielern jedoch negativ beurteilt. Im Laufe der Zeit wird sich die Kunstsaite, deren Eigenschaften bereits jetzt den Darmsaiten bis zu einem gewissen Grad Konkurrenz machen, noch weiter verbessern.

Die Unterschiede zwischen beiden Saitenarten hier nun im Überblick:

Wählen Sie sich die richtige Saite aus:

	Naturdarm-saiten	*Kunstsaiten*
Preis	Teurer	Billiger
Reißkraft	Gleich	Gleich
Feuchtigkeitsempfindlichkeit	Mehr	Weniger
Elastizität	Höher	Niedriger
Kontrolle	Mehr	Weniger
Ballgeschwindigkeit	Höher	Niedriger
Vibrationsdämpfung	Besser	Weniger
Lebensdauer*	Länger	Kürzer

*Die Lebensdauer einer Bespannung wird nicht durch das Reißen einer Saite bestimmt, sondern stellt den Zeitraum dar, während der die Bespannung ihre Wirksamkeit im Spiel behält.

Worin bestehen nun die Vorteile der Darmsaiten, die gewöhnlich leider teurer sind als ihre künstlichen Gegenstücke? Die Darmsaite verfügt über ausgezeichnete vibrations- und stoßabsorbierende Eigenschaften. Dadurch erreicht der Spieler eine

- bessere Ballkontrolle,
- ein genaueres Spiel und
- ein armschonendes Spiel durch optimale Dehnung der Saite.

Hingegen verlangen Darmsaiten eine bessere Pflege und sind auch trotz verfügbarer Schutzschichten bei Feuchtigkeit stark anfällig.

Welche *Funktion* aber besitzt die Tennissaite überhaupt? Zusammen mit dem Tennisschläger-Rahmen hat sie die Aufgabe, die Kraft aus der Bewegung so auf den

Tennisball zu übertragen, daß er mit der gewünschten Geschwindigkeit, mit dem gewünschten Drall und in der gewünschten Flugbahn zum anvisierten Ort im gegnerischen Feld »geschossen« werden kann. Das klingt recht einfach, jedoch jeder, der bereits mit dem Tennisspiel vertraut ist, weiß ein Lied davon zu singen, wie schwer dieser Vorgang in der Praxis ist. Jeder Teil des »Systems« Tennisspieler muß in diesem Augenblick harmonieren, die Bewegung des Spielers, der Tennisrahmen, der Tennisball und natürlich auch die Besaitung, die auch oftmals als »Bespannung« bezeichnet wird.

Da mit der Tennissaite der *unmittelbare Ballkontakt* stattfindet, kommt ihr bei diesem Vorgang eine wichtige Bedeutung zu. Um ihre Funktion ausüben zu können, muß die Saite bestimmte Voraussetzungen wie Elastizität, Reißkraftbeständigkeit, Lebensdauer und auch eine gute Festigkeit an den Endknoten der Bespannung optimal erfüllen. Es ist hilfreich zu wissen, daß selbst die vorteilhaftesten Eigenschaften des besten Schlägers durch eine unkorrekte Besaitung zunichte gemacht werden.

Saiten sollten nicht erst dann erneuert werden, wenn sie gerissen oder geplatzt sind. Eine erschlaffte Bespannung verändert die Spieleigenschaften erheblich. Diese Auswirkung erleben viele Hobbyspieler, jedoch ohne der Ursache für ihre verminderte Spielfähigkeit auf die Spur zu kommen. Sie wundern sich, daß sie unversehens keine Kontrolle mehr über den Ball besitzen, da weiche Darmsaiten einen erheblichen Trampolineffekt erzeugen. Die mit einer erschlafften Kunstsaite geschlagenen Bälle gelangen gewöhnlich kaum bis zur Mitte des gegnerischen Feldes. Der Energieverlust setzt nach dem Bespannen ein und ist unterschiedlich bei Darm- und Kunstsaiten (Abb. 25).

Dennoch werden Sie keineswegs jährlich 300mal eine neue Bespannung benötigen, wie z. B. Ivan Lendl, einer der besten Spieler der Welt. Eine oder zwei fachmännisch aufgezogene Besaitungen sollten pro Jahr für den

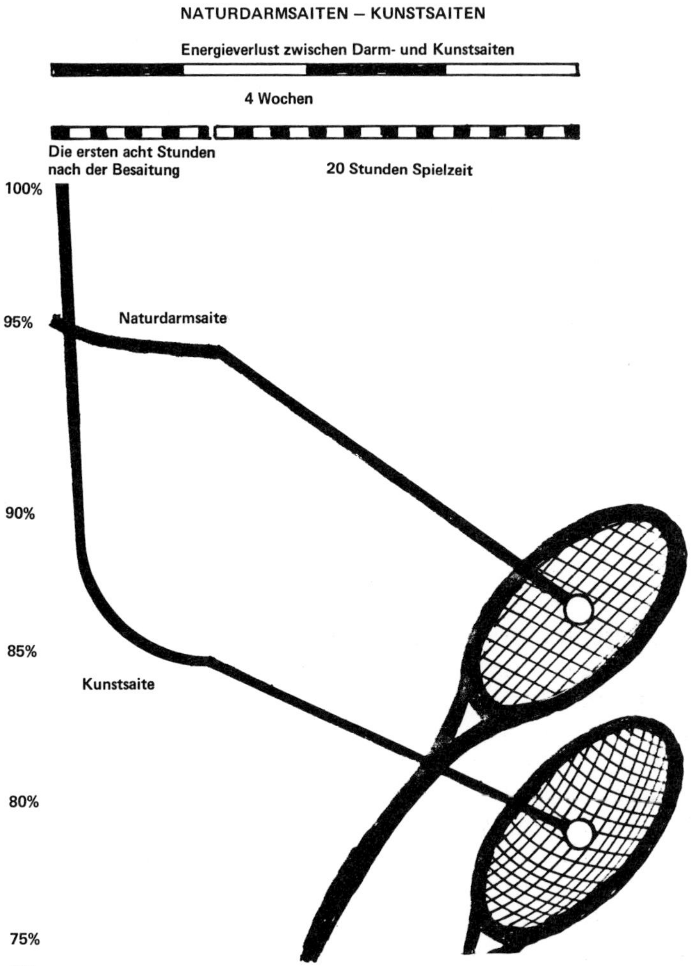

25

Freizeitsportler genügen. Ihr Tennislehrer oder ein guter Spieler wird Ihnen mit seiner Erfahrung auf Anhieb sagen können, ob die Bespannungshärte Ihres Schlägers noch ein kontrolliertes Spiel ermöglicht.

Eine bestimmte Bespannungshärte, ausgedrückt in Kilogramm, möchten wir Ihnen in diesem Zusammenhang absichtlich nicht empfehlen, da das Rahmenmaterial Ihres Schlägers und die Größe des Schlägerkopfes unterschiedliche Bespannungshärten erfordern. Meistens können Sie die optimale Härte der notwendigen Bespannung einem Aufkleber auf Ihrem Schläger entnehmen.

Aber dennoch hier eine grobe Richtschnur: Der Schläger sollte »mittelhart« bespannt werden bei einer »mittleren« Saitenstärke, die also weder zu dünn noch zu dick ist. Ebenso gereicht es Ihnen zum Vorteil, wenn Sie eine elastischere Saite wählen, auch wenn diese höher im Preis liegt. Sollten Sie über einen zweiten Schläger verfügen, den Sie bei schlechter Witterung einsetzen können, empfiehlt sich hier auf jeden Fall eine preiswerte Kunstsaite. – Auch hier gilt: Sprechen Sie mit Ihrem Tennislehrer oder einem erfahrenen Spieler.

3. Bälle

Leider kann man jeden Tag auf unzähligen Tennisplätzen Spieler mit sogenannten »Tennisbällen« beobachten, die – mit Verlaub gesagt – eher die Bezeichnung »Kartoffeln« verdienen. Sie sind drucklos, besitzen kaum noch Filz und weisen schmutzige Farben auf. Und dabei geht es hier um den springenden Punkt, im wahrsten Sinne des Wortes: Bälle, die ihre normalen Sprungeigenschaften verloren haben, lassen einiges ihrer Spielfähigkeit vermissen, sind teilweise die Ursache für fehlerhafte technische Abläufe und können nicht zuletzt zu chronischen Verletzungen beitragen. Allein aus diesen Gründen lohnt es sich, immer »am Ball zu bleiben«.

Ein kurzer Blick zurück:

Die Entwicklung der Gummiindustrie im 19. Jahrhundert brachte auch dem Tennis starke neue Impulse. Bereits 1860 wurden die ersten Gummikerne hergestellt, aus denen Schalen für den Tennisball gepreßt werden konnten.

Wie sieht es heute aus?

Nach ständigen Verbesserungen haben sich mittlerweile vornehmlich zwei Balltypen herauskristallisiert. Bei dem *Druckball* handelt es sich um einen mit Überdruck gefüllten Gummikern (Luft oder Gas), der bei freier Lagerung und beim Spiel allmählich weich wird. Er ist der am häufigsten verwendete Ball, da er besonders elastische Eigenschaften besitzt. Sehr empfehlenswert ist zum Beispiel der »Dunlop«-Ball.

Bei dem *LP-Ball* oder *»Long-Play«* handelt es sich um einen drucklosen Ball, der bei langer Lagerung härter, d.h. unelastischer wird. Vorteil: Er ist unempfindlicher gegen große Höhen- und Luftdruckunterschiede in Gebirgsländern und länger haltbar.

In Kürze gibt es Bälle in einer völlig neuen Druckverpackung (Abb. 27). Damit wird ein Nachteil beseitigt, der darin besteht, daß Kartonbälle oft einem mehr oder minder großen Druckverlust ausgesetzt waren. Bei dieser neuen Technologie werden die Bälle fabrikfrisch unter Druck in eine mehrlagige Verbundfolie eingeschweißt. Durch den Innendruck der Folienverpackung können die Bälle ihren Druck halten. Das »Weichwerden« der Bälle wird verhindert, die Bälle bleiben »frisch«, d.h. behalten ihre optimalen Sprung- und Spieleigenschaften. Die »Frische« der Bälle können Sie durch eine spezielle Öffnung im Kartonboden sogar erfühlen.

Abgesehen von derartigen Kartonbällen werden weiterhin Bälle in Blechdosen angeboten, die unter Luftdruck eingeschlossen sind und eine besonders lange Lagerfähigkeit aufweisen.

Achten Sie also auf gutes Ballmaterial. Die guten Sprungeigenschaften werden sich positiv auf Ihren spielerischen Fortschritt auswirken. Ebenso wichtig ist die

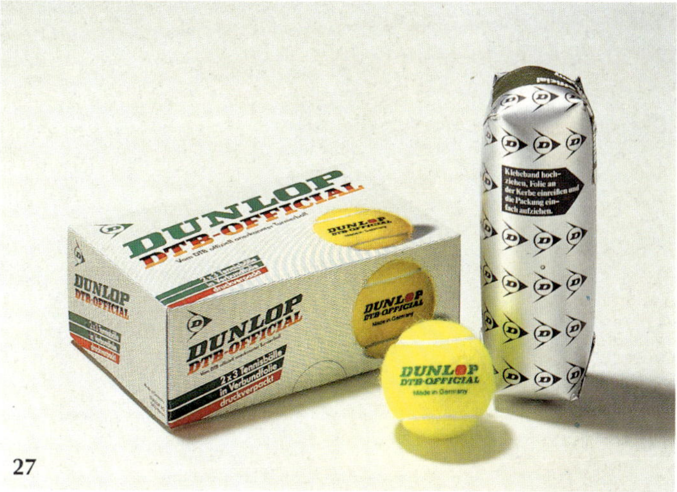

27

heute übliche gelbe Farbe der Bälle. Der wissenschaftliche Nachweis der besseren Erkennbarkeit von gelben Bällen verglichen mit weißen hat diesen endgültig den Durchbruch verschafft. Es wird wohl kaum mehr lange dauern, bis sogar die Organisatoren des Wimbledon-Turniers diese Erkenntnis akzeptieren können und die geliebte Tradition der weißen Bälle dem Fortschritt zuliebe, nämlich gelben Bällen, aufgeben.

4. Schuhe

Neben Schläger, Saite und Ball ist ordentliches Schuhwerk für den Tennisspieler von großer Bedeutung. Denn schließlich läuft, springt, dreht und rutscht man in seinen Schuhen Hunderte von Kilometern. Für Sie als Tennisspieler trifft nicht der Ausspruch »so weit die Schuhe tragen« zu, sondern »so *gut und weit* die Schuhe tragen«.

Ein gutes Fußbett stellt eine unabdingbare Vorausset-

28

ALLROUNDMODELL

- Die Ghilly-Schnürung ermöglicht schnelles und bequemes Schließen.
- Die Nubuck-Vorderkappe dient der besseren Haltbarkeit des Schaftes und Verbindung zur PU-Sohle.
- Die eingearbeitete Hinterkappe gibt in Verbindung mit der Fersen- und Schaftabschlußpolsterung dem Fuß guten Halt und Führung.
- Die Langlebigkeit wird durch den Veloursspitzenschutz verstärkt.

29

SPITZENMODELL

- Atmungsaktiver Wettkampfschuh aus Netznylon mit weichen Rindbox-besätzen.
- Die Ghilly-Schnürung erlaubt eine individuelle Anpassung an den Fuß.
- Die gepolsterte Nylonzunge verhindert Druckstellen und erhöht den Tragekomfort.
- Der spezielle Vorflex-Schnitt ermöglicht eine gute Abrollbewegung des Fußes.
- Durch Körperwärme, Gewicht und Bewegungsablauf entstehen in der Einlegesohle Trittmulden und Greifzonen, die mit dem hochgezogenen Schalenrand einen festen Sitz des Fußes gewährleisten.
- Der Fersenstabilisator gibt dem Fuß im Rückfußbereich zusätzlichen Halt und sichere Führung.
- Die zusätzlich angebrachten Rindboxbesätze an besonders beanspruchten Stellen des Schaftes geben zusätzlichen Halt.
- Die hochgezogene Schalensohle sorgt für hervorragende Seitenstabilität.

zung dar, denn gerade der Tennisspieler bewegt sich häufig mittels Drehungen oder stoppt oftmals ab, um einen Richtungswechsel – der neuen Flugbahn des Balles entgegen – vorzunehmen.

Die wesentlichen Merkmale eines Allround- sowie eines Spitzenmodells können Sie den Abbildungen 28 und 29 entnehmen.

In der gleichen Weise, in der eine schlechte Besaitung die Vorzüge eines guten Schlägers aufheben kann, reduzieren Socken minderer Qualität die Vorteile eines guten Tennisschuhes. Es sind speziell für den Tennissport Socken im Handel, die innen weich sind, für trockenen Fuß sorgen und ein angenehmes Gefühl gewährleisten. Zusätzlich unterstützen spezielle Stricktechniken die Gelenke und geben Ihnen mehr Sicherheit.

Grundsätzlich gilt auch für Schuhe und Socken: Informieren Sie sich in einem guten Sportgeschäft. Fragen Sie Ihren Tennistrainer oder Ihnen bekannte Spieler, mit welchen Produkten sie beste Erfahrungen gemacht haben. Vergessen Sie nicht, *beim Kauf zu erwähnen, wo Sie die Schuhe benutzen wollen,* weil dies Einfluß auf die Struktur der Sohlen hat. Ihr Körper wird es Ihnen danken, denn Beweglichkeit und eine bessere Stellung zum Ball unterstützen Ihren Fortschritt erheblich.

5. Kleidung

Zu der Tenniskleidung (Abb. 30), die leicht waschbar sein sollte, gehören:

- Shorts oder Rock/Kleider,
- Hemden oder Blusen,
- Pullover und
- Trainingsanzüge.

Die Tenniskleidung sollte vor allen Dingen *bequem* sein, also weder zu weit noch zu eng. Sie müssen sich darin wohlfühlen. Jegliche Aufmerksamkeit, die Sie während des Spieles auf Ihre Kleidung verwenden müssen, ist nicht dem Spiel zugewandt und reduziert damit Ihre Spielfähigkeit.

Wenn Sie aus dem übergroßen Angebot Ihre Wahl treffen, denken Sie daran, nur das zu kaufen, was gleichzeitig Ihrem Geschmack entspricht.

X. Mißverstandene Wörter

Wann haben Sie das letzte Mal einen Artikel in der Zeitung gelesen, bei dem Ihnen dann am Ende schließlich nicht mehr bewußt war, was Sie gelesen hatten? Der Inhalt war Ihnen einfach entgangen.

Trösten Sie sich, nicht nur Sie werden von diesem Phänomen heimgesucht, das übrigens in den verschiedensten Fachgebieten beobachtet werden kann – unter anderem auch beim Tennis! Es handelt sich oftmals um ein mißverstandenes Wort bzw. einen mißverstandenen Begriff. Wenn Sie darüber hinweglesen oder im Tennisunterricht nicht um Aufklärung bitten, bleibt Ihnen die Sache schlichtweg unbegreiflich. Was man jedoch nicht versteht, davon nimmt man Abstand. Je mehr Mißverständnisse sich in einem Fachgebiet häufen, desto unangenehmer wird dieses Thema und desto mehr Distanz baut man auf. Dieses Phänomen, hier frei formuliert, wurde von dem amerikanischen Philosophen und Pädagogen L. Ron Hubbard entdeckt.

Viele Tennisspieler sind in ihrer Entwicklungsmöglichkeit auch deshalb eingeschränkt, weil sie bestimmte Begriffe oder Worte einfach *nicht verstanden* oder *mißverstanden* haben. Sie lassen das theoretische Verständnis außer acht und mühen sich Stunde um Stunde ab, den Schlag oder die Übung in der Praxis durchzuführen – ohne Erfolg. Frustrierend, nicht wahr? In mehr oder minder großem Ausmaß trifft dieses Prinzip auf die meisten zu.

Machen Sie die Probe aufs Exempel. Fragen Sie Ihren Trainingskollegen oder Ihre Trainingspartnerin einmal nach der Bedeutung einer Anweisung des Trainers: »Was bedeutet . . . für Dich?« »Was genau versteht er unter . . .?« Umgekehrt kann man dieses Prinzip auch als Tennislehrer anwenden. Sie können gewiß davon ausgehen, daß Sie einen kompetenten Trainer haben, wenn er Sie ganz einfach fragt: »Was habe ich gesagt?«, »Was bedeutet für Sie ›vor dem Körper treffen‹?«, »Was heißt ›nicht frontal stehen‹?«, »Was genau verstehen Sie unter der Anweisung ›die Schlägerfläche nicht so weit öffnen‹?«. Und wenn er nicht eher Ruhe gibt, bis Sie es wirklich verstanden haben.

Trainer geben sich oft die größte Mühe und wiederholen eine Anweisung zum x-ten Mal. Sie verbrauchen Energien – und Sie als Schüler erzielen bei weitem nicht den Fortschritt, den Sie machen würden, *wenn Sie genau verstünden, was gesagt wird!* Erfahrungen haben bewiesen, daß z. B. Anmerkungen wie »Nur das Handgelenk fixieren!« schlichtweg nicht vollends verstanden werden, obwohl es der Tennislehrer bereits mehrfach demonstriert hat. Der Anfänger begeht immer wieder Fehler – und wird es noch nach 20 Jahren falsch machen! Genauso hätte der Tennislehrer etwas völlig Unverständliches sagen können. Sehr einfach im Grunde: Was der Schüler nicht *versteht,* kann er nicht *anwenden.* Aber *daß* er etwas nicht versteht, sollte er unbedingt zur Sprache bringen! Denn der Trainer kann nicht immer ahnen, was der Schüler nicht versteht.

Das Prinzip könnte man wie folgt formulieren:
Jeder Schlag, jede Bewegung und jeder Ablauf, der trotz emsigen Trainings keinen Fortschritt zeigt, ist mit einem oder mehreren mißverstandenen Wörtern/Begriffen verbunden.

Selbst die untalentierte Frau Meier, die in ihrem Leben mit Ballsportarten kaum Kontakt hatte, sieht sich diesem Problem gegenüber. Die Beseitigung der Mißverständnisse bei Frau Meier würde zwar nicht notwendigerweise einen neuen Star hervorbringen, aber beschleunigen würde eine solche Aktion ihren Fortschritt auf jeden

Fall. Endlich würde Frau Meier einmal vorankommen und mehr Erfolgserlebnisse verbuchen – denn Tennis könnte auch für sie sehr befriedigend sein. Es ist so unglaublich einfach, jenes unschätzbare Stückchen Wissen! Die richtige Anwendung der Lösung dieser Problematik würde sie voranbringen.

Unser Rat: *Wenden Sie dieses Prinzip speziell am Anfang Ihrer Tenniskarriere mit unnachgiebiger Konsequenz an.*

Vergegenwärtigen wir uns noch einmal den Grundsatz dieser Hubbard-Technologie: »Wenn jemand keine Mißverständnisse hätte, wäre er in der Lage, richtig zu handeln, ob er nun Talent hat oder nicht. Natürlich würde ihn sein Talent zusätzlich voranbringen. Die Mißverständnisse liegen zunächst in der Theorie. Denn diese geht der Praxis immer voran. Was mit dem Denksystem erst einmal aufgenommen wird, muß geistig verstanden werden, *bevor* es der Körper umsetzen kann.«

Natürlich ist körperliches Training mit Schläger, Ball und Partner unter verschiedenen Bedingungen notwendig. Selbstverständlich müssen Sie viel trainieren und die Abläufe vom Groben zum Feinen weiterentwickeln. Training ist ein wesentlicher Bestandteil des Fortschrittes und ist das Fundament, auf dem jeder Profi sein Können aufbaut. Dennoch muß man selbstverständlich zunächst wissen, *was* man übt und *wie* der »Vorhand-Grundschlag« geschlagen wird. Wenn das Verständnis, das Verstehen des Konzeptes der Phasen eines Schlagablaufes vorhanden ist, wird sich in der Praxis auf jeden Fall ein Fortschritt einstellen. Und bei weiterem Training werden Sie kontinuierlich besser, sicherer und erfolgreicher. Tennis ist ein Traumsport – sofern er richtig angegangen wird!

Stellen Sie also Fragen! Scheuen Sie sich nicht, die »einfachsten« Probleme aufzugreifen – für den Anfänger sind sie nicht »einfach«. Wie lautet dann der Lösungsansatz? Sie wissen nun, eines oder mehrere mißverstandene

Wörter oder Begriffe können das Handeln blockieren; können verhindern, mit wachsendem Erfolg zu trainieren.

Wie bereits ausgeführt, Sie stehen vor einer (geistigen) Wand, einer Sperre in Form eines oder mehrerer mißverstandener Wörter.

Es gibt nur einen einzigen Weg, den man beschreiten kann, um zum Verstehen zu gelangen. *Sie* müssen *sich* fragen: »Was ist einleuchtend und was nicht? *Das verstehe ich und dies nicht.*« Sprechen Sie den Trainer an: »Schauen Sie bitte, das heißt doch ›frontal‹? Richtig? Aber hier? Was bedeutet das? Wie kann man einen Schläger ›öffnen‹ oder ein Handgelenk ›fixieren‹? Bitte erklären Sie mir den Begriff ganz genau!«

Nach einer guten, verständlichen Erklärung fällt es Ihnen gewöhnlich wie Schuppen von den Augen. Endlich ergeben die Anweisungen einen Sinn. Der Ablauf wird deutlich. Sie probieren es aus und ... es funktioniert. Nun können Sie es mit Fortschritt trainieren. Reine Magie, könnte man meinen.

Diese kleinen Ursachen verursachen aber außerordentlich große Auswirkungen! Es bedarf z. B. nur weniger bloß teilweise verstandener Begriffe – und Sie mühen sich vergebens ab. Sie beißen die Zähne zusammen und quälen sich heroisch. Ihr Trainer redet mit Engelszungen auf Sie ein und bemüht sich redlich, Sie weiterzubringen. Doch der Trainer kann nicht bei jedem Schüler wissen, welches Wort mißverstanden wurde. Natürlich wird ein kompetenter Trainer versuchen *genau* festzustellen, wo die Ursache für die Schwierigkeit liegt. Ebenso wie Sie sollte er in der Lage sein, das Mißverständnis einzukreisen, zu identifizieren und zu klären und somit sicherstellen, daß das Wort jetzt vollkommen verstanden worden ist, bevor er weitertrainiert.

Der Erfolg wird sich einstellen! Damit sich dieser noch früher einstellt, achten Sie bereits beim Lesen dieses Buches darauf, daß Sie die Worte und Begriffe *vollkom-*

men verstehen. Denn bereits in einem der nächsten Kapitel beginnen wir mit der Definition der Grundbegriffe!

Am Ende des Buches finden Sie außerdem ein Fachwortverzeichnis. Auch ein normales Wörterbuch kann Ihnen unter Umständen weiterhelfen. Darüber hinaus kann es noch weitere mögliche Ursachen für das Unvermögen, richtig zu handeln, geben. Diese sind im Tennissport ebenfalls sehr häufig anzutreffen. Es ist der *zu hohe Schwierigkeitsgrad* beim Trainieren und Spielen. Wie blockierend sich diese Sperre auswirkt, davon mehr in einem späteren Kapitel. Die Beachtung beider Prinzipien wird Ihren Fortschritt positiv beeinflussen.

TENNISPLATZ

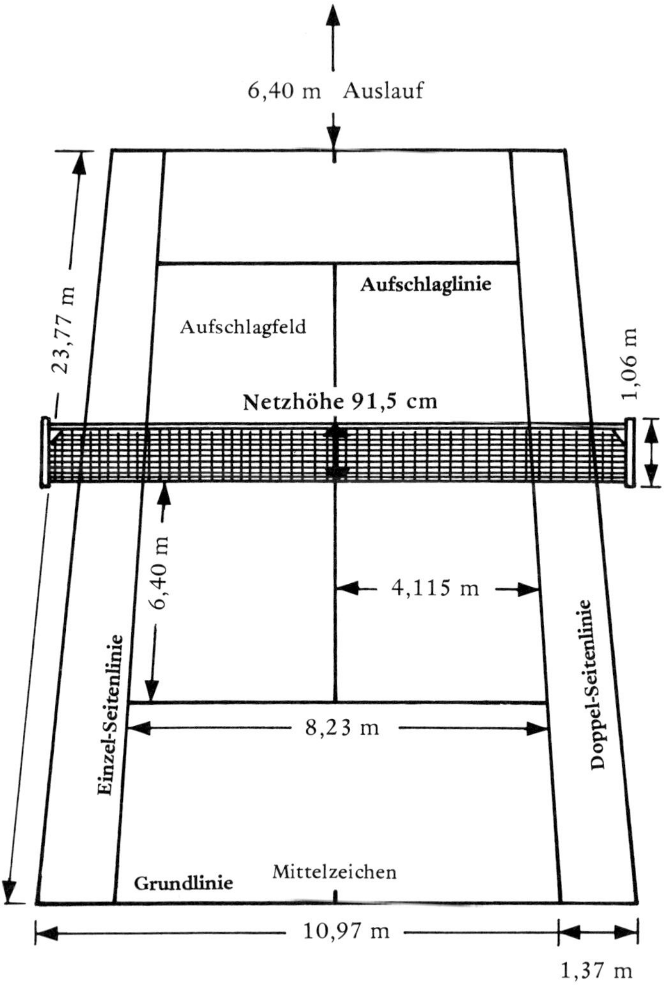

31

XI. Technik

1. Freiheit für Individualisten

Speziell am Anfang wird der Spieler mit vielen Begriffen, Fremdwörtern, Schlägen und Übungsteilen konfrontiert. Immerhin existiert jedoch für den Tennisunterricht eine umfassende und sehr präzise Lehrmethodik, wenn man sie auch nicht ausschließlich als die allein gültige Technik ausgeben sollte. Prinzipiell bestimmen körperliche und physikalische Gesetzmäßigkeiten, welche Bewegungsabläufe »richtig« sind. Die natürliche, die angenehm empfundene und zugleich wirkungsvolle Bewegung ist in diesem Sinne immer korrekt. In der Technik des Tennissportes kann man sich jedoch »verlieren«, d. h. in einem Meer von Informationen untergehen. Natürlich ist technisches Wissen auf jeden Fall notwendig, aber jeder Trainer, Schüler oder Spieler steht vor der Notwendigkeit, aus einer großen Anzahl von Faktoren diejenigen auszuwählen und zu beachten, die er *unbedingt wissen muß*, um seine Entwicklung voranzutreiben. Eine solide Technik ist die Grundlage, auf der sich der eigene, individuelle Stil eines Spielers weiterentwickeln kann.

Wenn auch früher schon einige Spieler wie Frew Mc Millan oder Pancho Segura mit einer sehr persönlichen Spielweise in die Weltspitze vorgestoßen waren, so haben doch erst die Schweden diese Haltung kultiviert, allen voran Bjørn Borg »Superstar«, der maßgebliche moderne Wegbereiter einer individuellen, aber äußerst effizienten Schlagtechnik. Mit seinem Topspin-Spiel (Bälle mit starkem Vorwärtsdrall), seiner beidhändigen Rückhand und vor allem seiner vortrefflichen Beinarbeit und Konzentrationsfähigkeit gab er jahrelang in der Tennisszene den Ton an. Das schwedische Modell der größe-

32

VORHAND

33

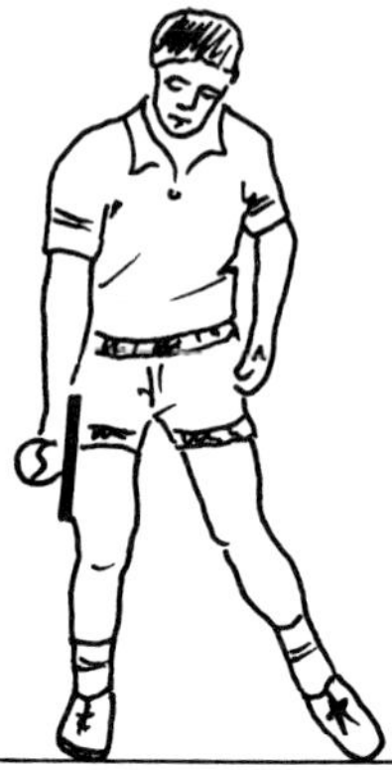

RÜCKHAND

34

FLUGBALL-VORHAND

35

FLUGBALL-RÜCKHAND

36 AUFSCHLAG

37 SCHMETTERBALL

ren Freiheit – was den persönlichen Stil anbelangt –, das Bestreben, die Spieler *nicht* auf eine Methode festzulegen, findet heute immer mehr Nachahmer in der Welt. Auch in der Bundesrepublik Deutschland gibt das moderne Lehrwesen heutzutage nur die allgemeine Marschrichtung an, ohne den Stil des einzelnen an den Buchstaben *eines* Tennisgesetzes zu messen, also ohne Spieltechniken in den Rang von Geboten zu erheben.

38 FLUGBAHN DES BALLES

2. Griffe

Alle Ausführungen beziehen sich auf Rechtshänder. Spieler, die den Schläger mit der linken Hand halten, sollten spiegelbildlich vorgehen.

Der »Griff« ist die Verbindung zwischen dem Körper und dem Schlaginstrument, also zwischen Hand und Tennisschläger. Vom richtigen Griff hängen Qualität und bequemes Funktionieren des Schlages ab. Ebenso können durch langfristiges Spielen mit einem falschen Griff chronische Gesundheitsschäden, z.B. der »Tennisarm«, eintreten. Aus einer Reihe von heute üblichen Griffen wählen wir den »Vorhandgriff« (auch »Eastern-Griff« genannt) und den »Rückhandgriff« (auch »Continental-Griff« genannt) aus. Den »beidhändigen Rückhandgriff« werden wir ebenfalls kurz erläutern.

Den »Vorhandgriff« benutzen wir beim »Vorhand-Grundschlag«, mit dem wir alle Bälle *rechts vom Körper* schlagen. Den »Rückhandgriff« benutzen wir beim »Rückhand-Grundschlag«, mit dem wir alle Bälle *links vom Körper* schlagen. Auch der »beidhändige Rückhandgriff« kann – nicht selten von Spielern mit geringen Kräfteverhältnissen – beim Schlag *links vom Körper* eingesetzt werden.

Die gezeigten Griffe werden es Ihnen ermöglichen, den Ball *vor* der vorderen Hüfte bei seitlicher Stellung Ihres Körpers zum Netz zu treffen. Dieses gewährleistet eine optimale Kraftübertragung. Es ist notwendig, die Griffübungen im *Stehen* durchzuführen.

2.1 Vorhandgriff

Schauen Sie sich die Abb. 39–41 an. Halten Sie nun Ihren Schläger mit den Fingerspitzen der linken Hand am »Schlägerherzen« bei senkrechter Schlägerfläche vor den Körper. Legen Sie die rechte Handfläche gegen die Be-

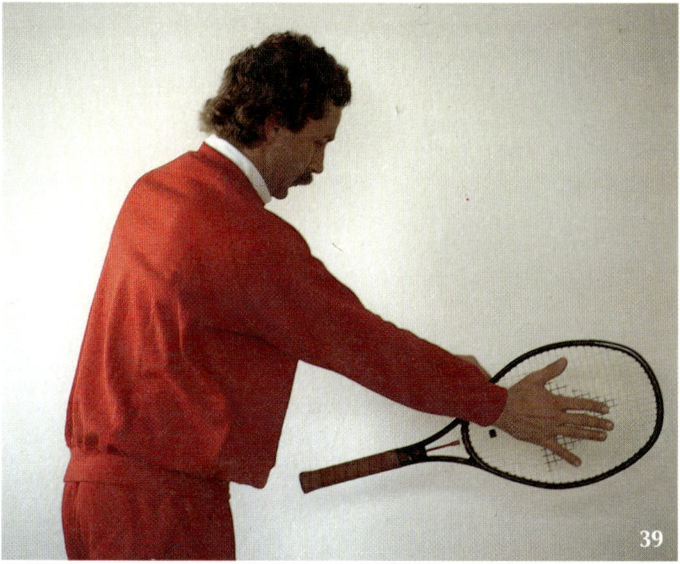

39

40

41

42

43

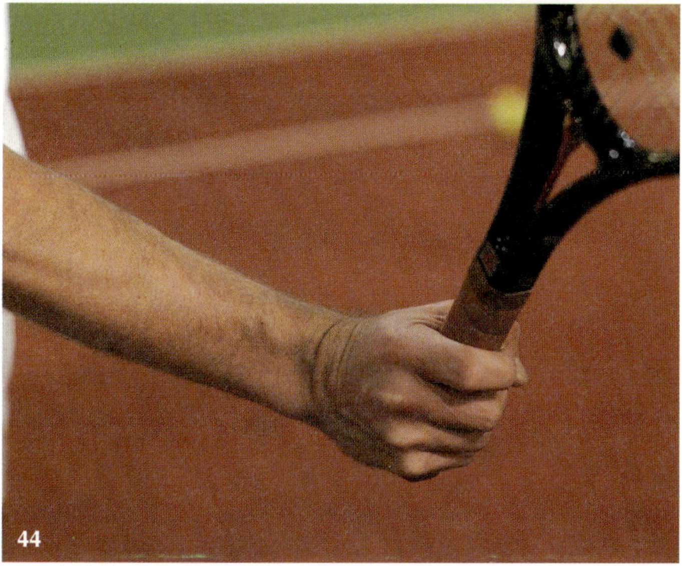
44

saitung (Abb. 39), führen Sie die Hand in der gleichen Stellung am Schläger entlang bis zum Griff (Abb. 40).

Umschließen Sie jetzt den Griff mit Ihrer Hand, die Hand schließt mit dem Griffende ab, Zeige- und Mittelfinger berühren sich nicht (Abb. 41). *Dies ist der Vorhandgriff.*

Gegenkontrolle gemäß Abb. 42/43: Wenn Sie einen Bleistift oder Kugelschreiber von oben zwischen Zeigefinger und Griff stecken, sollte der Bleistift an der rechten Seite des Griffes anliegen und senkrecht zu Boden zeigen.

Ihr Handgelenk darf nicht unbequem verkrampft sein. Wenn sich Falten in Ihrer Haut bilden (Abb. 44), halten Sie Ihren Schläger mit einem verkrampften, unbequemen Griff.

Entfernen Sie nun Ihre rechte Hand einige Male vom Griff und stellen Sie die richtige Griffhaltung (ohne Bleistift) her. Schauen Sie sich die Stellung der Hand jeweils genau an. Wenn Sie sicher sind, daß Ihr Griff mit den Abbildungen übereinstimmt, halten Sie Ihren Schläger mit der linken Hand am Schlägerherzen und stellen Sie die Griffhaltung des Vorhandgriffes so lange her, bis Sie sich vollständig wohl dabei fühlen.

2.2 Rückhandgriff

Stellen Sie sich hinter eine Stuhllehne (oder das Tennisnetz) und legen Sie die Hand von oben auf die Kante, Daumen und Zeigefinger durch die Kante getrennt. Schauen Sie sich die Abb. 45/46 an. Legen Sie nun Ihre Hand von oben – wie bei Stuhllehne oder Netzkante – auf den Griff bei senkrechter Schlägerfläche. Auch hier schließt die Hand mit dem Griffende ab, Zeigefinger und Mittelfinger berühren sich nicht. *Dies ist der Rückhandgriff.*

Gegenkontrolle gemäß Abb. 47/48: Wenn Sie einen Bleistift oder Kugelschreiber zwischen Zeigefinger und

45

46

47

48

49

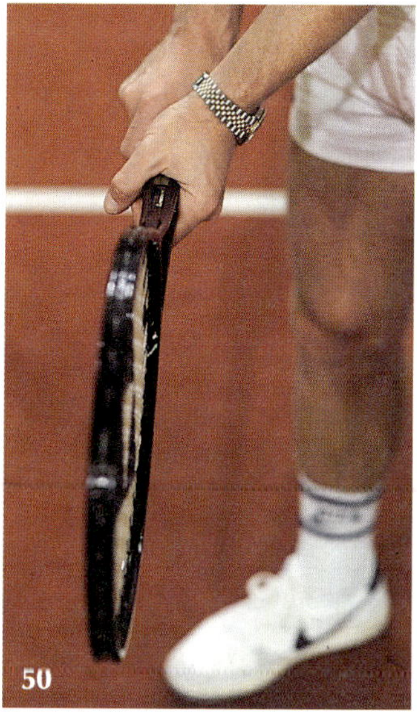
50

Griff stecken, wird er bei korrektem Griff waagerecht auf der oberen Fläche des Griffes liegen.

Wenn Sie in Übereinstimmung mit den Abbildungen sicher sind, den korrekten Griff zu kennen, üben Sie den Rückhandgriff so lange, bis Sie ihn ohne Verzögerung richtig einnehmen können.

Während Sie Ihren Schläger weiterhin mit der linken Hand am Schlägerherz halten, nehmen Sie *abwechselnd*, langsam nacheinander, die Vor- und Rückhandgriffe ein. Steigern Sie Ihre Geschwindigkeit beim Griffwechsel etwas, und machen Sie die Übung so lange, bis Sie den Wechsel der Griffe einwandfrei beherrschen.

2.3 Beidhändiger Rückhandgriff

Da Kinder aufgrund ihrer geringeren Kraft manchmal eine beidhändig geschlagene Rückhand bevorzugen, geben wir anbei die Beschreibung. Schauen Sie sich hierzu die Abb. 49/50 an. Nehmen Sie nun zunächst mit Ihrer rechten Hand den normalen Rückhandgriff ein. Legen Sie jetzt Ihre linke Hand unmittelbar vor der rechten Hand um den Griff. Vergleichen Sie Ihre Haltung mit Abb. 49. Das ist der beidhändige Rückhandgriff, der Ihrem Schlag mehr Kraft und eine stärkere Hebelwirkung verleiht, allerdings eine extrem gute Beinarbeit verlangt und Ihre Reichweite zum Ball verkürzt.

3. Ballgefühl durch Ball-Gewöhnungsübungen

Die Griffübungen haben Ihren Wunsch verstärkt, nun endlich auf dem Platz mit dem Spielen zu beginnen? Hervorragend!

Zunächst ist es jedoch sinnvoll, sich näher mit dem *Ball* zu befassen, der nicht zuletzt dem Tennis den Spielcharakter und die Faszination eines ungemein abwechslungsreichen Sportes verleiht. Grundsätzlich gesprochen, sind wir in dem Maße fähig, Tennis zu spielen, wie wir den Ball kontrollieren können. Auf den Plätzen begegnen uns fortwährend Spieler (speziell Anfänger!), die nicht durch die Schule der Ball-Gewöhnungsübungen gegangen sind. Es ist jedoch nicht möglich, einen vom Gegner geschlagenen Ball über eine Distanz von etwa 24 Metern systematisch zu kontrollieren, wenn man nicht niedrigere Schwierigkeitsgrade gemeistert hat. Mit anderen Worten: Bevor man sich an höhere Mathematik wagt, sollte man die Grundrechenarten beherrschen. Eine Stufenleiter mit den verschiedenen Schwierigkeitsgraden könnte z.B. wie folgt aussehen:

1. Werfen und Fangen des Balls.
2. Training an einer Wand: Werfen und Fangen des Balls.
3. Einfaches Werfen und Fangen des Balls mit einem Partner, das anschließend immer schwieriger gestaltet wird.
4. Ball-Gewöhnungsübungen mit Ball und Tennisschläger, allein und mit Partner.
5. Nach Kenntnis des Schlagablaufes das Spielen aus dem Stand. Danach Training über einige Meter Distanz mit stetiger Vergrößerung der Entfernung zum Partner. Ziel: Spiel über das gesamte Feld.

Zu den weiteren Schwierigkeitsgraden und Stufen mehr an späterer Stelle!

Schauen Sie sich nun die Abb. 51–61 an und machen Sie die einzelnen Übungen mit dem Ball. Gehen Sie nur dann zur nächsten Übung weiter, wenn Sie wirklich zufrieden sind und den Ball kontrollieren können. Ein Tip in diesem Zusammenhang: Sie können die Übungen langsam beginnen und schneller werden – bis hin zu hohen Geschwindigkeiten. Wenn Sie auf Stufe 5 (Spiel über das gesamte Feld) keinen Fortschritt erkennen, dann haben Sie noch einige Schwierigkeiten bei der Berechnung der Flugbahn des Balles. Gehen Sie in diesem Falle

51

52

53

54

55

56

57

58

59

60

61

zu jenen Übungen zurück, die Sie *wirklich* können und die Ihnen leichter fallen, um von dort aus die einzelnen Stufen wieder emporzusteigen. Dies ist eindeutig der *schnellere* Weg, der zudem auch noch mehr Freude bereitet, da Sie auf diese Weise mehr Erfolgserlebnisse vorprogrammieren.

Bei den Ball-Gewöhnungsübungen sind Ihrer Kreativität keine Grenzen gesetzt. Testen Sie die abgebildeten Trainingsformen, denken Sie sich neue aus, machen Sie die Übungen im Wettbewerb mit einem Partner. Von Bedeutung ist, daß Sie den Ball bewegen und lernen, ihn und sein Flugverhalten zu kontrollieren. Wenden Sie dabei die bereits im vorigen Kapitel erlernten Griffe an, sofern diese für die entsprechende Übung nicht zu unbequem sind.

Für dieses Training benötigen Sie keinen Tennisplatz. Sie können es zu Hause im Hof, im Hobbyraum, ja selbst in Ihrer Wohnung ausführen. Eine, zwei oder drei Stunden, nicht gleich beim ersten Mal, sind eine wertvoll investierte Zeit, die Ihren Fortschritt ganz sicher beschleunigen wird. Wiederholen Sie die Übungen auch noch in fortgeschrittenem Stadium, vor allem wenn Sie sich später auf diese Art »warmspielen« möchten.

4. Ausgangsstellung

Die Ausgangsstellung (Abb. 62/63) ist eine Art Grundstellung, in der sich der Spieler bereithält, in Richtung des vom Partner geschlagenen Balls zu starten, um ihn ins gegnerische Feld zurückzuschlagen. Normalerweise wird diese Ausgangsstellung 30 bis 40 cm hinter der Grundlinie eingenommen – oder auch an dem Platz, von dem aus Sie mit Ihrem Partner üben und somit den Ball erwarten.

Werfen Sie einen Blick auf Abbildung 62. Die Beine des Spielers sind leicht gegrätscht, die Knie ein wenig

62

63

gebeugt, der Oberkörper etwas nach vorne gebeugt. Der Blick geht in Richtung Ball, das Körpergewicht liegt – wie in einer Startposition – auf der vorderen Fußhälfte. Der Schläger wird, unterstützt durch die linke Hand, bequem mit dem Rückhand- oder Vorhandgriff vor den Körper gehalten. Hier sollte der Griff gewählt werden, der normalerweise etwas mehr Schwierigkeiten bereitet, da ein Wechsel zum Angenehmeren hin immer einfacher ist. Die Körperhaltung ist bequem angespannt, ähnlich einer geringfügig gespannten Feder. Der Spieler ist in dieser Stellung jederzeit bereit, in Aktion zu treten.

Die Wichtigkeit dieser Ausgangsstellung wird sehr oft von Anfängern und selbst Fortgeschrittenen unterschätzt. Oftmals sieht man eine nachlässige, schlaffe Haltung, bei der Arm und Schläger nach unten gerichtet sind. Voraussetzung für einen guten Schlag ist jedoch die gute Ausgangsstellung. Schauen Sie sich die Ausgangs-

64

stellung auf Abb. 63 bei einem der besten Spieler der Welt an! Nehmen Sie also die Ausgangsstellung ein, wobei Sie die genannten Punkte berücksichtigen. Lokkern Sie sich danach wieder und nehmen Sie die Stellung erneut ein. Positionieren Sie sich immer wieder, bis Sie diese Übung leicht bewältigen können.

5. Beinarbeit – Der Schlüssel zu Ihren Schlägen

Die Beinarbeit, d.h. das Bewegen der Beine und Füße, ist der Schlüssel zum Gelingen der Schläge. Das bedeutet, daß die richtige Bewegung der Beine das Fundament ist, auf dem Ihr Tennisspiel aufbaut. Nur wenn Körper und Schläger mittels schneller Beinarbeit in die optimale Stellung zum Ball gebracht werden (Abb. 64), ist ein wirklich sicheres und erfolgreiches Schlagen möglich.

Gute Beinarbeit führt also konsequent zu guter Schlagarbeit. Doch auch für Ihre Pulsfrequenz ist das stetige Bewegen der Beine eine wichtige Voraussetzung – und damit für Ihre Fitness. Nur wenn Sie Ihren Körper nicht erschlaffen lassen und ihn in ständiger Bewegung halten, reduzieren Sie die im Tennis durch Spielpausen üblichen Schwankungen in der Pulsfrequenz.

Wenn man sich auf den Tennisplätzen aufmerksam umschaut, sieht man schnell, daß die *passive* Haltung recht verbreitet ist. Viele Spieler warten endlos, daß der Ball zu ihnen kommt, anstatt ihm entgegenzulaufen und so die aktive Kontrolle zu übernehmen. Mit *aktiver* Beinarbeit bringen wir den Körper bewußt und schnell in die optimale Schlagposition. Zugegeben, am Anfang einer Tennislaufbahn verhält man sich naturgemäß etwas passiver. Doch so früh wie möglich sollte die aktive, in die Aufsprungzone des Balls hineinreichende Beinarbeit trainiert werden.

Seien Sie also aktiv in der Beinarbeit! Laufen Sie gerne und viel. Gehen Sie dem Ball diagonal entgegen. Halten Sie Ihre Muskulatur bequem angespannt und nicht in erschlafftem Zustand. Seien Sie der Beherrscher Ihrer Spielhälfte durch gute Beinarbeit. Damit treiben Sie Ihre Entwicklung voran.

6. »Schwung durch Schleife«

Vor dem ersten Schlag, dem »Vorhand-Grundschlag«, zunächst ein kleiner Ausflug in die Theorie der Aushol- und Schlagbewegung: Früher wurde der Schläger zum Ausholen geradlinig nach hinten geführt, um auf gleichem Wege wieder nach vorne zum Treffpunkt des Balls geführt zu werden. Die Phase des Schwungaufbaus begann also erst nach dem Stillstand des Schlägers am Ende der Ausholbewegung. Heutzutage ist die Technik ausgefeilter. Die Aushol- und Schlagbewegung besitzt die Form einer Schleife (s. Abb. 65). Der Schläger wird seitlich am Körper vorbei zum Ausholen geführt und geht, *ohne* stillzustehen, in die Schlagbewegung über. Dadurch ist der Schwungweg länger, der Ball kann mit erhöhter Energie schneller geschlagen werden.

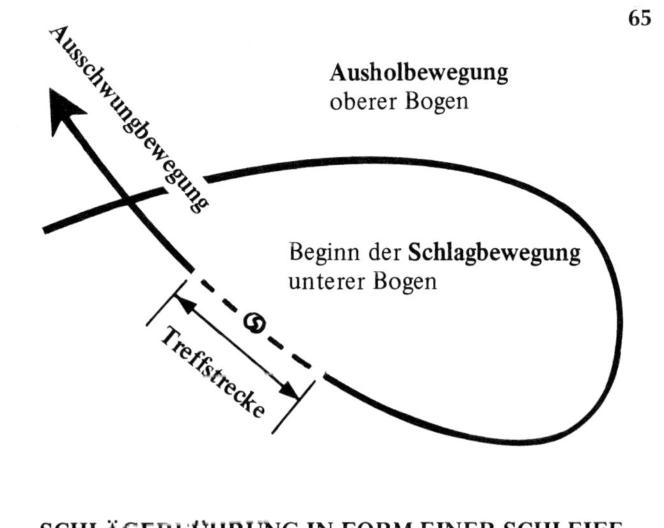

SCHLÄGERFÜHRUNG IN FORM EINER SCHLEIFE

Die Schleife besteht aus
- der Ausholbewegung
- der *Schlagbewegung mit Treffstrecke* und
- der Ausschwungbewegung.

Diese drei Bewegungsteile flüssig aneinandergereiht ergeben den gesamten Schlagablauf. Wenn wir also von einem »Grundschlag« sprechen, so meinen wir immer diese drei Teile, die einen Schlag formen, nämlich Ausholbewegung, Schlagbewegung und Ausschwungbewegung.

7. Die »Treffstrecke« oder »Treffzone«

Auf den Abb. 66–68 können Sie die mögliche »Treffstrecke« als einen Teil der Schlagbewegung erkennen. Diese Treffstrecke, auch »Treffzone« oder »Schlagtunnel« genannt, ist ein wesentlicher Teil modernster Lehrmethodik und kann in seiner Bedeutung gar nicht überschätzt werden. Zu Beginn dieses Kapitels sprachen wir von den physikalischen Gesetzmäßigkeiten – im Gegensatz zur Individualität des Tennisspielers. Während Ausholbewegung und Ausschwungbewegung recht individuell gestaltet werden können, ist es von Vorteil, bei der Treffstrecke des Schlags sich nach den objektiven Gegebenheiten zu richten. Dazu zunächst eine Definition: Die Treffstrecke ist ein geradliniger Weg des Schlägerkopfes innerhalb des normalerweise fast halbkreisförmig um den Körper verlaufenden Schlages. Der Treffpunkt des Balls liegt innerhalb dieser Treffstrecke. Läßt man Nuancen einmal außer acht, so kann man zunächst festhalten, daß der Ball von jedem Treffpunkt innerhalb dieser geraden Strecke immer die gleiche Richtung nimmt. Dadurch reduzieren sich Fehlerquoten beim Spielen beträchtlich, da nicht nur ein einziger optimaler Treffpunkt existiert. Mit anderen Worten: Ihre Chancen,

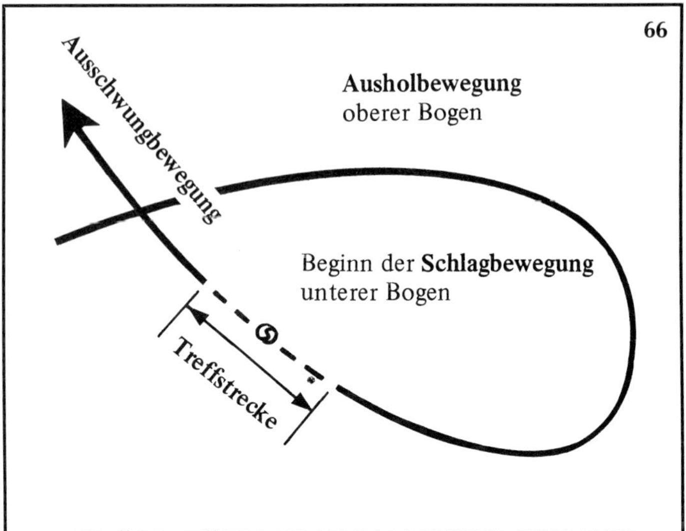

SCHLÄGERFÜHRUNG IN FORM EINER SCHLEIFE

TREFFSTRECKE
VORHAND

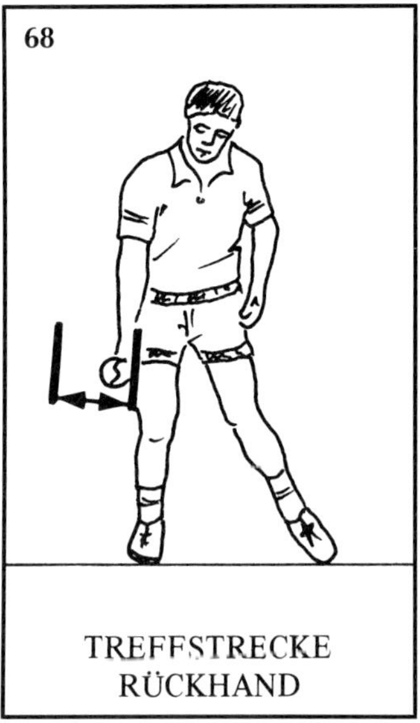

TREFFSTRECKE
RÜCKHAND

einen guten Ball zu schlagen, sind ungleich höher. Den Vorteil der Treffstrecke sichert man sich durch mehrere Techniken, nämlich durch die richtigen, bereits beschriebenen Griffe, durch die Gewichtsverlagerung vom hinteren auf den vorderen Fuß und durch das Festigen des Handgelenks und Unterarms während der Schlagbewegung. Mit dieser Erkenntnis und der Aufnahme dieser Technik in das offizielle Lehrwesen des Deutschen Tennis Bundes wurde ein wichtiger Fortschritt erzielt.

8. Einführung in die Grundschläge

Um Ihnen zu einem besseren Verständnis der Grundschläge zu verhelfen, haben wir die Phasen der einzelnen Schläge wie folgt aufgegliedert:

1. Griff
2. Ausholbewegung
3. *Schlagbewegung mit Treffstrecke*
4. Ausschwungbewegung

Im Anschluß daran finden Sie zu den einzelnen Schlägen mögliche Übungen.

Zunächst lernen Sie also die Schläge in ihren Hauptphasen kennen; die notwendigen theoretischen Erklärungen dazu sind entsprechend gruppiert. Außerdem erleichtern die Abbildungen das Verständnis. Lassen Sie sich durch die Anzahl der einzelnen Körper- und Schläger-Bewegungsabläufe nicht frustrieren, denn niemand erwartet von Ihnen, daß Sie die einzelnen Schläge in kurzer Zeit beherrschen. Sie finden jedoch in diesem Buch umfassende Erläuterungen, wenn Sie sich zu irgendeinem Schlagteil informieren oder rückversichern wollen. Beobachten Sie vor allem gute Spieler. Schauen Sie sich die einzelnen Schläge in aller Ruhe an. Auch die häufig gezeigten, z. T. hervorragenden Zeitlupen-Aufnahmen im Fernsehen machen Sie mit den Schlägen vertraut. Üben Sie immer nur einen Schlag zu einer Zeit. Verschaffen Sie sich zunächst einen Gesamtüberblick und üben Sie danach die einzelnen Teile – zunächst ohne Ball, aber jeden Bewegungsteil so oft, bis Sie ihn beherrschen.* Später setzen Sie die Teile des Puzzles zusammen, um einen flüssigen Ablauf zu erreichen. Nun erst üben Sie mit dem Ball, der zunächst auf kürzeste Entfernung von der Hand eines Partners zugeworfen werden sollte. Systematisch vergrößern Sie die Distanz, bis man schließlich das Werfen durch das Zuspielen von Bällen ablösen kann. Sie schlagen zunächst

(1) aus dem Stand aus der seitlichen Stellung zum Netz heraus, schließlich
(2) mit Körperdrehung und sind
(3) endlich dazu in der Lage, dem Ball entgegenzugehen und
(4) einen schwungvollen Schlag zu landen.

Wie lange die einzelnen Übungsteile dauern, hängt allein von der Geschwindigkeit ab, mit der Sie einen Übungsteil erlernen – und natürlich von der Qualität Ihres Partners oder Trainers. In Kapitel VIII. haben wir Ihnen empfohlen, mit einem Trainer zu beginnen. Selbst wenn Sie nur zehn Stunden in einen Gruppenkurs für Anfänger investieren, ist diese Investition gut angelegt. Ihr Fundament, auf dem das gesamte künftige Tennisspiel aufbaut, wird auf diese Art solide gelegt. Und warum sollten Sie nicht mit 70 oder 75 Jahren noch freudig den Schläger schwingen?

Machen Sie es sich bei allen Übungen zum obersten Gesetz, die Technik zunächst zu *verstehen*. Wenn Sie die Abläufe der einzelnen Schläge, die sich alle in ihrer

* Konzentrieren Sie sich hier und bei allen Übungen immer primär auf die *Treffstrecke* innerhalb der *Schlagbewegung;* Aushol- und Ausschwungbewegung haben nicht denselben Stellenwert wie die Treffstrecke.

Grundform recht ähnlich sind, einmal verstanden haben, ist Ihnen ein großer Schritt im Fachgebiet Tennis gelungen. Studieren Sie die Angaben genau, übergehen Sie nichts, fragen Sie lieber Ihren Trainer oder andere Spieler. Studieren, fragen, klären, verstehen und üben Sie. Auf diese Weise gelangen Sie Schritt für Schritt zu einem immer attraktiveren und vielseitigeren Spiel.

9. Vorhand-Schlag

9.1 Griff

Beim Vorhand-Schlag – kurz »Vorhand« genannt – verwenden wir den Vorhandgriff gemäß Kapitel XI., 2.1.

9.2 Ausholbewegung

In der Ausgangsstellung (Abb. 69) stellen wir bei entgegenkommendem Ball den rechten Fuß seitlich, der Oberkörper nimmt gleichzeitig eine seitliche Stellung (ca. 90 Grad) zum Netz ein, während der Schläger in einem oberen Bogen zurückgeführt wird, das linke Bein setzen wir vorwärts-seitwärts dem Ball entgegen (Abb. 70/71).

9.3 *Schlagbewegung mit Treffstrecke*

Nun beginnt die Schlagbewegung: Der Schläger wird, der Form einer Schleife folgend, in einem Bogen erst nach unten, dann nach vorne oben gegen den ankommenden Ball geschwungen. Während dieses Ablaufs wird das Körpergewicht auf den linken Fuß verlagert (Abb. 72/73). Der Ball wird *vor* der linken Hüfte getroffen (Abb. 74), der Arm ist dabei ohne Verkrampfung gerade, das Handgelenk ist fixiert und geöffnet (Handballen nach vorne, ähnlich der Haltung beim Anschieben eines Autos). Das Körpergewicht geht ganz mit nach vorne, und der Oberkörper dreht sich von der seitlichen in die frontale Stellung (Brust zum Netz). Durch diesen Ablauf entsteht die gewünschte Treffstrecke, innerhalb der der Ball getroffen wird.

9.4 Ausschwungbewegung

Der Schläger wird in Richtung des anvisierten Punktes im gegnerischen Spielfeld geführt (Abb. 75). Anschließend schwingt der Schläger natürlich aus (Abb. 76/77).

69

70

71

Süddeutscher
Rundfunk
Bibliothek

72

73

74

75

76

77

9.5 Übungsformen

Die bei der Vorhand sowie den anderen Grundschlägen angegebenen Übungsformen stellen eine Auswahl von vielen möglichen Übungen dar. Es ist nicht für jeden notwendig, sie alle der Reihe nach durchzugehen, zum anderen können Sie sich auch eigene Übungen ausdenken.

Wenn Sie eine Übung trainieren und z.B. den zugeworfenen Ball über einige Meter Distanz schlagen wollen, sollten Sie sich sicher sein, die im Schwierigkeitsgrad darunterliegenden Übungen zu beherrschen. Denn nur dann ist auch Ihr Fortschritt bei späteren Übungen gewährleistet. Ihr Trainer oder Partner sollte mit Ihnen die verschiedenen Übungen durchgehen, zu Beginn die leichteren, später die schwierigeren. Warten Sie aber nicht mit dem Erlernen der nächsten Schläge, bis Sie in *allen* Übungsformen Meister sind. Beginnen Sie mit der Rückhand dann, wenn Sie einen Eindruck von Ihrer Vorhand haben und den Schlagablauf grob beherrschen. Danach können Sie die Schläge abwechselnd üben, so daß sich diese gleichmäßig zueinander entwickeln und das Trainieren nicht eintönig wird.

9.5.1 Üben Sie die einzelnen Teile (Phasen) des Vorhandschlages nacheinander vor einem Spiegel ohne Ball (Trocken- oder Schattentennis). Beobachten Sie sich und vergleichen Sie Ihre Bewegungen mit der Theorie und den Abbildungen.

9.5.2 Reihen Sie die einzelnen Phasen aneinander, bis Sie einen vollständigen, flüssigen Schlagablauf ausführen können. Beobachten und korrigieren Sie sich vor einem Spiegel.

9.5.3 Zeigen Sie einem Trainer oder erfahrenen Spieler Ihren Schlagablauf, indem Sie ihn vorführen. Sprechen Sie darüber, in der Regel helfen Vereinskameraden gerne.

9.5.4 Besorgen Sie sich in einem Sporthaus einen Softball, der eine dem Tennisball ähnliche Sprunghöhe besitzt, und schlagen Sie diesen langsamen Ball gegen beliebige Wände – zu Hause im Hof, in der Garage, im Hobbyraum oder in jedem größeren Zimmer. Bemühen Sie sich, dabei die Vorhand richtig zu schlagen. Wenn Sie die Geschwindigkeit verwirrt, halten Sie den Ball an und beginnen Sie erneut. Bewegen Sie die Beine so, daß Sie seitlich zum Ball stehen. Wenn Sie einen gleichmäßigen, nicht zu schnellen Rhythmus erreicht haben, sind Sie einen guten Schritt weiter.

9.5.5 Nehmen Sie einen richtigen Tennisball zur Hand und stellen Sie sich einige Meter mit dem linken Bein voran seitlich (ca. 90 Grad) zur Wand auf. Dies kann wiederum eine Wand zu Hause oder eine der hervorragenden Ballwände in Tennisvereinen sein. Lassen Sie den Ball in Brusthöhe mit nach vorne ausgestrecktem linken Arm am *Treffpunkt* aus der Hand fallen, während Sie ausholen. Wenn der Ball aufgesprungen ist – und seine höchste Sprunghöhe erreicht hat –, sollte Ihr Schläger ihn treffen und zur Wand befördern. Fangen Sie den Ball wieder auf. Üben Sie das für eine Weile, bis Sie ein gutes rhythmisches Gefühl erreicht haben.

9.5.6 Schlagen Sie den Ball wie in Übung 9.5.5 zur Wand, fangen Sie ihn jedoch nicht auf, sondern befördern Sie ihn mit einem neuen Vorhandschlag zur Wand zurück. Fangen Sie ihn nach dem zweiten oder dritten Schlag auf bzw. dann, wenn der Ball zu schnell zurückspringt, wenn Sie sich verwirrt fühlen und Sie die Kontrolle über den Ball verlieren. Üben Sie eine Weile lang. Eine Wand ist dafür ein hervorragender Trainingspartner. Sie sollten jedoch nicht zu lange allein an der

Wand spielen, ohne sich durch einen guten Spieler überprüfen oder noch besser durch einen Tennislehrer testen zu lassen.

9.5.7 Das Motto heißt jetzt: auf die Plätze! Wenn Sie mit einem Partner üben, sparen Sie nicht an Bällen! Üben Sie z. B. nur mit drei Bällen, entstehen viele Spielpausen, in denen Sie nicht vorankommen und in denen Sie sich auch körperlich nicht betätigen. Lassen Sie sich von Ihrem Partner eine Serie von Bällen aus wenigen Metern Entfernung zuwerfen. Ihr Partner steht Ihnen dabei vorwärts-seitwärts gegenüber, damit Sie ihn nicht treffen. Stellen Sie sich seitlich zum Netz, das linke Bein vorgesetzt. Der Ball wird von unten aus der Hand zugeworfen und genau plaziert. Gehen Sie zur nächsten Übung, wenn Sie mit Ihren Schlägen zufrieden sind.

9.5.8 Nehmen Sie die Ausgangsstellung ein. Ihr Partner wirft Ihnen wieder Bälle zu. Richten Sie sich bei Ihrer Schlagarbeit nach 9.2, 9.3 und 9.4 und üben Sie Ausholbewegung, Schlagbewegung und Ausschwungbewegung in einem flüssigen Vorhandschlag. Üben Sie das immer wieder, bis Sie einen Fortschritt erzielt haben und den Ball ins andere Spielfeld schlagen können.

9.5.9 Beginnen Sie nun, mit Ihrem Partner über das Netz zu spielen. Das ist verständlicherweise die Übungsform, die mehr Freude als die vorausgegangenen bereitet. Diese fällt jedoch um so leichter, je besser Sie die vorigen Übungen gemeistert haben. Wählen Sie am Anfang eine Distanz von einigen Metern zum Netz, schlagen Sie ohne Hektik und erreichen Sie die optimale Stellung zum Ball durch fleißige Beinarbeit. Achten Sie auf jeden Fall darauf, daß der Bewegungsablauf beim

Spielen über kurze Distanzen bewußt *verlangsamt* werden muß, um die Kontrolle über die Ballgeschwindigkeit zu behalten. Ebenso können die Bewegungsabläufe verkürzt durchgeführt, mit der größeren Entfernung zum Netz sollten diese wieder größer werden.

9.5.10 Vergrößern Sie *und* Ihr Spielpartner nun die Entfernung zum Netz auf etwa 5 bis 6 Meter. Spielen Sie über diese Distanz eine Weile, bis Sie einen guten Fortschritt erzielt haben. Das mag einige Stunden dauern. Wechseln Sie nach 10 Minuten Vorhand über zu 10 Minuten Rückhand und wieder zur Vorhand. Damit lockern Sie Ihr Training auf und trainieren in gleichem Maße den Rückhandschlag, was außerordentlich wichtig ist. Diese Übung sowie alle vorausgegangenen Tips treffen natürlich ebenso für das Training der Rückhand zu.

Wenn Sie über diese Distanz erfolgreich spielen können bzw. einen Fortschritt erzielt haben, vergrößern Sie und Ihr Partner die Entfernung zum Netz solange, bis Sie über die gesamte Spielfläche den Ball schlagen. Trainieren Sie, üben Sie, spielen Sie, freuen Sie sich auch über kleine Erfolgserlebnisse – Sie sind bereits mitten im Spiel. Wann immer Sie nach einer längeren Zeit bei einer Übungsform nicht weiterkommen, gehen Sie zurück, denn Sie beherrschen eine frühere Übung noch nicht bis zu einem notwendigen Grad.

9.5.11 Wir empfehlen, sich zu Beginn einer Tennisstunde mit leichteren Übungen (z. B. Ball-Gewöhnungstraining, Spielen über kürzere Distanzen) aufzuwärmen. Damit kommen Sie leichter ins Spiel, und Ihr Fortschritt ist im Endeffekt größer.

Übrigens, derartige Trainingsformen werden nicht selten selbst von Top-Spielern angewandt – und diese wissen, warum.

10. Rückhand-Schlag

10.1 Griff

Beim Rückhand-Schlag – kurz »Rückhand« genannt – verwenden wir den Rückhandgriff gemäß Kapitel XI., 2.2.

10.2 Ausholbewegung

In der Ausgangsstellung (Abb. 78) stellen wir bei entgegenkommendem Ball den linken Fuß seitlich, der Oberkörper nimmt gleichzeitig eine seitliche Stellung (ca. 90 Grad) zum Netz ein, während der Schläger in einem oberen Bogen zurückgeführt wird, das rechte Bein setzen wir vorwärts-seitwärts dem Ball entgegen (Abb. 79/80).

10.3 *Schlagbewegung mit Treffstrecke*

Nun beginnt die Schlagbewegung: Der Schläger wird, der Form einer Schleife folgend, in einem Bogen erst nach unten, dann nach vorne oben gegen den ankommenden Ball geschwungen, frühzeitig liegt das Körpergewicht auf dem rechten Bein (Abb. 81/82). Getroffen wird der Ball *vor* der rechten Hüfte (Abb. 83). Der Arm ist gestreckt, der Oberkörper bleibt im Gegensatz zur Vorhand seitlich zum Netz positioniert, die rechte Schulter (Schlagschulter) ist vorne, das Gewicht auf dem rechten Bein. Dadurch entsteht auch bei der Rückhand eine günstige Treffstrecke.

10.4 Ausschwungbewegung

Der Schläger wird bei Aufrechterhaltung der seitlichen Oberkörperhaltung in Richtung des anvisierten Punktes im gegnerischen Feld geführt (Abb. 84). Der Oberkörper bleibt etwa seitlich zum Netz positioniert. Die Ausschwungbewegung ist ein passiver Bewegungsablauf und das natürliche Ende des Schlages (Abb. 85/86).

78

79

80

81

82

83

84

85

86

10.5 Übungsformen

Verwenden Sie die bei der Vorhand unter 9.5 genannten Übungen ebenfalls für Ihr Rückhand-Training.

11. Flugball-Vorhand

Beim Flugball wird der Ball ohne vorherigen Aufsprung direkt aus der Luft ins gegnerische Feld geschlagen. Dieser Schlag wird in der Regel wenige Meter vom Netz entfernt eingesetzt.

11.1 Griff

Wir empfehlen den Vorhandgriff für den Vorhand-Flugball sowie den Rückhandgriff für den Rückhand-Flugball. Wer starke Schwierigkeiten beim schnellen Umgreifen

87

aufgrund der kürzeren Entfernung zum Partner hat, kann auch einen Universalgriff für beide Schläge verwenden. Auf Abb. 87 erkennen Sie, daß der als Markierungshilfe verwendete Kugelschreiber beim Universalgriff nicht senkrecht (Vorhandgriff) oder waagerecht (Rückhandgriff) liegt, sondern sich in einer *Schräglage* befindet. Anders ausgedrückt, die Position der Hand am Griff liegt zwischen den Positionen der Hand beim Vorhand- bzw. Rückhandgriff.

11.2 Ausholbewegung

Aus der Ausgangsstellung (Abb. 88) dreht sich der Körper in eine seitliche Stellung zum Netz. Das rechte Bein wird belastet und der Schläger durch eine Beugung des Ellbogengelenkes zurückgeführt und ein wenig über die Flugbahn des heranfliegenden Balles angehoben. Die Schlägerfläche ist geöffnet (Handrücken zeigt etwa zum Boden), also etwas schräg nach hinten gestellt. Die Ausholbewegung insgesamt ist kurz (Abb. 89/90).

11.3 *Schlagbewegung mit Treffstrecke*

Der Schläger wird nun schräg, d.h. nach unten/vorne zum Ball geführt. Der Treffpunkt liegt *vor* dem Körper, das Handgelenk ist geöffnet und fest. Gleichzeitig wird das Gewicht nach vorne auf den linken Fuß verlagert, der Körper dreht sich in eine frontale Stellung (Brust Richtung Ball) (Abb. 91).

11.4 Ausschwungbewegung

Der Ausschwung verläuft kurz in Richtung des anvisierten Punktes, die Gewichtsverlagerung wird mit dem linken Bein aufgefangen (Abb. 92/93). Anschließend wird ohne Verzögerung die Ausgangsstellung wieder eingenommen.

88

89

90

91

11.5 Übungsformen

11.5.1 Üben Sie den Schlag im Trockentennis – langsam – ohne Ball.

11.5.2 Stellen Sie sich seitlich mit ausgeholtem Schläger auf und werfen Sie sich einen Ball mit der linken Hand langsam vor dem Körper von unten hoch. Schlagen Sie den Ball mit der Schlägerbewegung vorwärts/abwärts.

11.5.3 Lassen Sie sich von einem Partner, der schräg vor Ihnen auf der anderen Netzseite steht, Bälle von unten in einem leichten Bogen zuwerfen und schlagen Sie diese ins andere Spielfeld. Der Schwierigkeitsgrad kann durch Wurfvariationen gesteigert werden, jedoch erst dann, wenn die einfacheren Übungen funktionieren. Sorgen Sie für genügend Bälle.

11.5.4 Ihr Partner kann Ihnen nun leichte Bälle zuspielen, die Sie als Flugball retournieren. Diese Übung kann durch variables Zuspiel beliebig gesteigert werden.

11.5.5 Tranieren Sie mit Ihrem Partner den Ballwechsel mit Vor- und Rückhand-Grundschlägen über das gesamte Feld. Bei einem etwas kürzeren Ball Ihres Partners rücken Sie ans Netz vor und schlagen den nächsten Ball oder die nächsten Bälle als Flugball zurück. Wenn Sie das beherrschen, sind Sie einen großen Schritt vorangekommen.

Wechseln Sie sich mit Ihrem Partner im Zuspiel ab. Spielen Sie ruhig und nicht zu schnell, vermeiden Sie hektische, unkontrollierte Schläge. Spielen Sie einander zu, um den Trainingseffekt und damit die Erfolgsquote zu erhöhen.

12. Flugball-Rückhand

12.1 Griff

Rückhandgriff oder Universalgriff.

12.2 Ausholbewegung

Aus der Ausgangsstellung (Abb. 94) dreht sich der Körper in eine seitliche Stellung zum Netz, das linke Bein wird belastet, der Schläger durch eine Beugung des Ellbogengelenkes zurückgeführt und etwa in Höhe des linken Ohres positioniert. Die Schlägerfläche ist geöffnet, d.h. etwas schräg nach hinten gestellt. Die Ausholbewegung insgesamt ist kurz (Abb. 95/96).

12.3 *Schlagbewegung mit Treffstrecke*

Der Schläger wird nun schräg, d.h. nach unten/vorne zum Ball geführt (Abb. 97). Der Treffpunkt liegt *vor* dem Körper. Das Handgelenk ist fest, das Ellbogengelenk streckt sich, das Gewicht wird nach vorne auf den rechten Fuß verlagert. Der Körper bleibt in seiner seitlichen Stellung zum Netz (Abb. 98).

12.4 Ausschwungbewegung

Der Ausschwung verläuft kurz in Richtung des anvisierten Punktes, die Gewichtsverlagerung wird mit dem rechten Bein aufgefangen (Abb. 99). Anschließend wird die Ausgangsstellung wieder eingenommen.

94

95

96

97

98

99

12.5 Übungsformen

Verwenden Sie die beim Vorhand-Flugball unter 11.5 genannten Übungen ebenfalls für Ihr Training des Rückhand-Flugballs.

13. Aufschlag

Mit dem Aufschlag eröffnen wir einen Ballwechsel innerhalb eines Spiels. Es ist der einzige Schlag im Tennis, auf den der Gegner keinen direkten Einfluß ausüben kann. Er erfolgt von einer Position hinter der Grundlinie. Der Ball wird von einer Stellung rechts oder links des Mittelzeichens (Mitte der Grundlinie) ins diagonal gegenüberliegende Aufschlagfeld geschlagen. Dieses geschieht in der Regel über Kopfhöhe, da sich von oben ein vorteilhafter Winkel zur Überwindung des unmittelbar vor dem Aufschlagfeld eingerichteten Netzes ergibt. Der Bewegungsablauf ist schwieriger zu erlernen als bei den anderen Grundschlägen, da der Schwungaufbau ausgedehnter ist. Doch es ist absolut notwendig, sich eingehend mit diesem Schlag zu befassen, da Fehler am Anfang später nur mit großem Engagement und in Zusammenarbeit mit einem versierten Tennistrainer beseitigt werden können.

Zum Aufschlag stehen Ihnen immer zwei Bälle zur Verfügung. Normalerweise wird der erste Ball mit voller Härte ins gegnerische Feld katapultiert, der bei einem Fehler noch zur Verfügung stehende zweite Ball wird wesentlich kontrollierter mit Schnitt (Drall) geschlagen, um einen Punktverlust durch einen Doppelfehler zu vermeiden. Wir befassen uns in diesem Kapitel mit dem geraden Aufschlag (ohne Schnitt/Drall) und erläutern Ihnen in Verbindung mit den Abbildungen die wichtigsten Abläufe. Um einen guten Aufschlag zu erlernen, sind verschiedene Übungsformen unerläßlich.

13.1 Griff

Der optimale, wenn auch am Anfang recht schwere und unbequeme Griff ist der Rückhandgriff, an zweiter Stelle der Universalgriff. Bei großen Schwierigkeiten kann auch mit dem Vorhandgriff begonnen werden, jedoch sollte so schnell wie möglich auf Rückhand- oder Universalgriff umgestellt werden.

13.2 Schlägerweg beim Aufschlag

Betrachten Sie sorgfältig Abb. 100. Wenn sie auf den ersten Blick auch etwas verwirrend wirkt, so trägt die Graphik bei näherem Anschauen doch zu einem besseren Verständnis bei, *welchen Weg* der Schläger zurücklegt, so daß ein optimaler Schwung aufgebaut werden kann.

Wir erkennen einen größeren Bogen auf der rechten Seite, mit 1 beginnend, mit dem der Schläger von vorne nach unten seitlich am Körper vorbei nach hinten oben gebracht wird (vgl. Abb. 102–104). Es schließt sich die Schwungschleife hinter dem Rücken an (vgl. Abb. 104–106), um dann in die große Bewegung nach vorne überzugehen (vgl. Abb. 106–110).

13.3 Grundstellung

Schauen Sie sich Abb. 101 genau an. Der Spieler steht etwa 40 bis 50 cm rechts vom Mittelpunkt der Spielhälfte, um in das gegnerische linke Feld zu schlagen. Das Gewicht ruht bequem auf den Beinen. Die vordere Fußspitze zeigt etwa zum rechten Netzpfosten, der hintere Fuß steht etwa parallel zur Grundlinie. Der Oberkörper ist geringfügig seitlich zum Netz positioniert. Beide Arme sind ein wenig gebeugt und nach vorne gerichtet, der Schläger deutet in Richtung des Aufschlagfeldes. Der Ball befindet sich in der linken Hand.

100

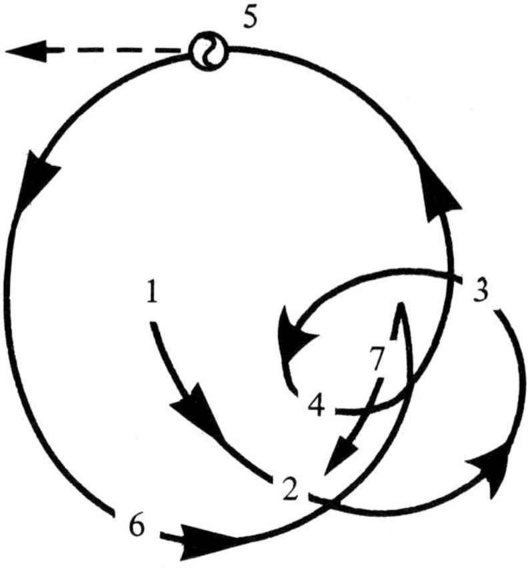

AUFSCHLAG (Schlägerführung)

1 = Beginn der Gesamtbewegung
2 = untere Bogenführung beim Ausholen
3 = Einleitung der Schwungschleife hinter dem Rücken
4 = unterer Punkt der Schwungschleife hinter dem Rücken
5 = Treffpunkt
6 = untere Bogenführung beim Ausschwung links vom Körper
7 = Ende des Ausschwungs

13.4 Der Ballwurf

Gehen Sie zu einer Wand, stellen Sie sich mit über dem Kopf ausgestrecktem Schläger auf die Zehenspitzen und schauen Sie zur Schlägerspitze. Merken oder markieren Sie sich die Stelle an der Wand, denn mindestens bis zu dieser Höhe sollte der Ball hochgeführt werden. Der höchste Punkt des Ballwurfes ist in jedem Falle höher als der spätere Treffpunkt auf Ihrer Schlägerfläche. Nun stel-

len Sie sich zwei Schritte von der Wand entfernt auf, so daß Ihr Wurfarm sich zwischen Körper und Wand bewegen kann. Führen Sie nun den Ball mit der linken Hand und locker ausgestrecktem Arm etwa von der Bauchhöhe nach unten bis zum Oberschenkel. Nun erfolgt die Umkehrung der Bewegung, und der Ball wird bis zur vollen Streckung des Arms nach oben geführt.
Der Ball wird von den Fingerspitzen freigegeben. Lassen Sie danach den Ball aufspringen. Jetzt müßte er ungefähr 20–25 cm vor dem linken Fuß auftreffen. Führen Sie diese Übung, die auch gut an jeder Hauswand trainiert werden kann, solange durch, bis Sie eine gute Kontrolle über die Höhe sowie die korrekte Entfernung vom linken Fuß gewonnen haben. Beachten Sie, daß der Ball senkrecht nach oben geführt wird und Ihre Fingerspitzen erst verläßt, wenn eine volle Streckung des Arms erreicht wurde. Ein guter Ballwurf ist die Basis für einen guten Aufschlag.

13.5 Ausholbewegung

Beide Arme werden zunächst nach unten bewegt, der linke Wurfarm bis zum linken Oberschenkel, die rechte Hand führt den Schläger seitlich am Körper vorbei nach hinten. Danach bewegen Sie den Wurfarm nach oben zur vollen Streckung und entlassen den Ball aus den Fingerspitzen vor dem Körper senkrecht nach oben. Gleichzeitig (synchrone Hampelmann-Bewegung) folgt der rechte Arm mit dem Schläger dem Bogen hinter dem Körper, Sie verlagern parallel zu dieser Ausholbewegung das Gewicht nach hinten auf das rechte Bein und beugen die Knie leicht, während der gesamte Körper angespannt ist (Abb. 102–104).

102

103

104

105

13.6 Schlagbewegung

Die Anspannung des Körpers löst sich nun in einer dynamischen Streckbewegung, gleichzeitig führen Sie hinter dem Rücken die Schwungschleife durch, der Körper dreht sich in eine frontale Stellung zum Netz, der Ball wird am höchsten Punkt bei voller Streckung von Körper-Arm-Schläger getroffen und das rechte Bein geht zur Gewichtsverlagerung am linken vorbei nach vorne (Abb. 105–107).

13.7 Ausschwungbewegung

Der starke Schwung wird durch das rechte Bein aufgefangen, der Schläger läuft zur linken Seite aus. Anschließend müssen Sie so schnell wie möglich in die Ausgangsstellung zurückgelangen, um den vom Partner zurückge-

106

107

108

109

110

schlagenen Ball wirkungsvoll retournieren zu können (Abb. 108–110).

13.8 Übungsformen

13.8.1 Beobachten Sie den Aufschlag bei guten Spielern, bei Tennislehrern und im Fernsehen.

13.8.2 Eine wichtige Übung ist der unter 13.4 beschriebene Ballwurf. Auch gute Spieler tun gut daran, ihren Aufschlag mit Ballwurfübungen zu perfektionieren. Für den Anfänger ist ein richtiger Ballwurf jedoch von ausschlaggebender Bedeutung.

13.8.3 Beginnen Sie mit Armkreisen seitlich unten rückwärts. Mehrfaches Armkreisen empfiehlt sich auch zum Aufwärmen vor dem Aufschlagtraining, um Verletzungen zu vermeiden. Trainieren Sie die gleiche Übung auch mit dem Schläger in der Hand.

13.8.4 Werfen Sie einen Tennisball mit der rechten Schlaghand über eine größere Entfernung. Hierbei wird der Oberkörper nach hinten gebeugt, die Hand mit dem Ball ist nach hinten abgewinkelt, das rechte Bein wird belastet. Im Moment des Wurfes explodiert quasi der Körper in die Streckung, das Gewicht wird nach vorne auf das linke Bein verlagert und der Ball geworfen. Diese Übung ist der Schlagbewegung beim Aufschlag recht ähnlich.

13.8.5 Training der einzelnen Phasen: Ausholbewegung, Schlagbewegung, Ausschwungbewegung ohne Ball. Von Bedeutung ist ein lockeres, flüssiges Durchziehen des Schlägers – am besten vor einem Spiegel oder erleuchteten Fenster, um optimale Selbstkontrolle zu gewährleisten.

13.8.6 Setzen Sie die Phasen zu einem fließenden Schlagablauf zusammen. Achten Sie auf die Gewichtsverlagerung.

13.8.7 Nehmen Sie die Grundstellung gemäß 13.3 an der Grundlinie eines Spielfeldes (oder einer gedachten Linie auf einer sonstigen Fläche) ein. Führen Sie den linken Arm mit dem Ball und den rechten Arm mit dem Schläger nach unten und hoch wie in Punkt 13.5 »Ausholbewegung« beschrieben. Die Bewegungsform ähnelt der eines Hampelmanns. Die gleiche Übung wird nun mit dem Ball trainiert, der hochgeführt wird und anschließend vor dem linken Fuß aufspringen soll.

13.8.8 Auf dem Platz: Nehmen Sie die Grundstellung ein. Führen Sie die Ausholbewegung allein mit dem Schläger durch. Werfen Sie nun den Ball hoch und schlagen ihn in Richtung Aufschlagfeld. Strecken Sie den Körper dabei und blicken Sie nach oben zum Treffpunkt. Führen Sie nach der Schlagbewegung auch die Ausschwungbewegung durch.

13.8.9 Trainieren Sie nun die gesamte Aufschlagbewegung mit genügend Bällen in das linke und rechte Aufschlagfeld. Lassen Sie sich von einem guten Spieler korrigieren, wenn Sie keinen speziellen Tennisunterricht besuchen. Schlagen Sie mit Ruhe auf, immer wieder, um das richtige Timing, d.h. die richtige Abstimmung zwischen Wurfhand und Ball auf der einen und dem Arm mit Schläger auf der anderen Seite zu erreichen.

Der Aufschlag verlangt viel Training. Doch wenn Sie die erforderliche Zeit investieren, um diesen Schlag zu verstehen und zu üben, wird sich unzweifelhaft der Erfolg einstellen.

14. Schmetterball

Der Schmetterball wird über dem Kopf als Rückschlag auf einen vom Gegner hochgeschlagenen Ball (»Lob«) »geschmettert«, d. h. mit schneller Geschwindigkeit nach unten ins gegnerische Feld geschlagen. Wir beschreiben hier den Schmetterball im Sprung, gehen bei den Übungsformen jedoch ebenfalls auf den Schmetterball aus dem Stand ein.

14.1 Griff

Empfohlen wird der Rückhandgriff, an zweiter Stelle der Universalgriff. Bei großen Schwierigkeiten kann am Anfang auch der Vorhandgriff verwendet werden, es empfiehlt sich jedoch ein baldiger Wechsel zu obigen Griffen.

14.2 Ausholbewegung

Der Schläger wird von vorne auf möglichst direktem Wege nach oben hinter den Kopf geführt, das Gewicht wird bei seitlicher Stellung zum Netz auf das rechte Bein verlagert, der linke Arm zeigt nach oben zur Ballflugbahn, mit dem rechten Bein stößt sich der Spieler vom Boden ab, das linke Bein geht aus Gleichgewichtsgründen nach vorne (Abb. 111–113).

14.3 Schlagbewegung

Hinter dem Rücken beschreibt der Schläger dieselbe kleine Schleife, die wir vom Aufschlag her kennen, der Ball wird bei Streckung von Körper-Arm-Schläger vorne über dem Kopf getroffen, der Körper dreht sich gleichzeitig in eine frontale Stellung, das linke Bein wird anschließend zuerst aufgesetzt (Abb. 114/115).

111

112

113

114

115

116

14.4 Ausschwungbewegung

Der Ausschwung ist kürzer als beim Aufschlag und geht etwas zur linken Seite, der linke Arm macht aus Gleichgewichtsgründen eine Gegenbewegung (Abb. 116).

14.5 Übungsformen

14.5.1 Beobachten Sie den Schmetterball bei guten Spielern, im Tennisunterricht beim Tennislehrer und im Fernsehen.

14.5.2 Werfen Sie sich selbst von unten mit der linken Hand einen Ball hoch über den Kopf, springen Sie hoch und fangen ihn mit der rechten Hand auf, die dann mit dem Arm nach links ausläuft.

14.5.3 Stellen Sie sich etwa 2 Meter hinter das Netz in

eine seitliche Position, linkes Bein vorwärts-seitwärts zum Netz. Vollführen Sie die Ausholbewegung. Nun werfen Sie sich mit der linken Hand einen Ball von unten über Kopfhöhe und schlagen den Ball in die andere Spielfeldhälfte.

14.5.4 Nehmen Sie die gleiche Stellung wie unter 14.5.3 ein. Ihr Partner wirft Ihnen von der anderen Seite des Netzes Bälle von unten aus der Hand zu, die Sie unter Einsatz des gesamten Bewegungsablaufes aus dem Stand ins Feld schmettern. Der Partner steht dabei seitlich vor Ihnen und wirft Ihnen die Bälle schräg zu, um nicht getroffen zu werden. Schmettern Sie nicht zu hart, sondern versuchen Sie eher, zu einem guten Rhythmus zu gelangen.

14.5.5 Ihr Partner wirft Ihnen die Bälle nun in geringfügig veränderter Zielrichtung zu, so daß Sie sich mit einem oder wenigen Schritten in die richtige Position bringen müssen, um den Ball zu schmettern.

14.5.6 Ihr Partner wirft Ihnen die Bälle nun etwas höher zu, so daß Sie ein wenig hochspringen müssen, um bei gestrecktem Körper schmettern zu können. Auch dieser Schwierigkeitsgrad kann gesteigert werden, indem zusätzlich die Position des Ballwerfenden variiert wird. Bringen Sie Ihren Körper jeweils mit kleinen Schritten in die Flugbahn des Balls und schlagen Sie den Ball aus einer seitlichen Ausgangsposition heraus.

14.5.7 Ihr Partner spielt Ihnen die Bälle mit dem Schläger zu, die Sie aus der richtigen Stellung heraus ins Feld zurückschmettern. Schmettern Sie nicht zu hart. Bemühen Sie sich weiterhin, mit guter Beinarbeit in die optimale Schlagposition zu gelangen und Ihren Schlagrhythmus zu verbessern.

14.5.8 Ihr Partner spielt Ihnen hohe Bälle von der Grundlinie zu, die Sie vom Netz aus – nicht zu hart – in seine Richtung zurückschmettern. Auf diese Weise entsteht mit der Zeit ein Ballwechsel, bei dem beide Spieler allerdings bereits eine beachtliche Ball- und Körperkontrolle aufbringen müssen.

14.5.9 Laufen Sie nach einem Vor- und Rückhand-Grundschlag ans Netz. Ihr Partner schlägt einen Lob (Hochball), den Sie zurück in die andere Spielfeldhälfte schmettern. Bauen Sie den Schmetterball auf diese Weise in verschiedene Spielabläufe ein.

XII. Vorsicht Stufe

Eine weitere von L. Ron Hubbard entwickelte Technik kann der gehemmten, *zähflüssig* gewordenen Entwicklung einiger Tennisspieler begegnen. Beobachtungen auf vielen Tennisplätzen haben gezeigt, daß Spieler auch in fortgeschrittenem Stadium oft den nötigen *Spielfluß* vermissen lassen. Dieses ist vor allem bei dem großen Heer von Spielern erkennbar, die ohne Trainer üben. Natürlich sind ausgebildete Tennislehrer in der Lage, ihren Schülern durch *sinnvollen Aufbau* der einzelnen Übungen den Fortschritt sicherzustellen. Auch die deutschen Tennislehrer brauchen sich angesichts der internationalen Konkurrenz keineswegs zu verstecken, denn sie zählen weltweit zur absoluten Spitzengruppe!

Aber können Spieler ihre (ins Stocken geratene) Entwicklung wieder in Gang setzen? In Kapitel X. haben wir dargestellt, daß mißverstandene Begriffe sich hindernd auf das Verstehen auswirken und den spielerischen Ablauf blockieren, es »klappt« nicht mehr oder nicht so, wie es sollte. Eine »übersprungene Stufe« kann die zweite Ursache dafür sein, wenn man nicht mehr recht vorankommt.

Wie bei jedem Erlernen ist es auch beim Tennis von enormer Bedeutung, *schritt-* oder *stufenweise* vorzugehen. Mit anderen Worten: vom Leichten zum Schweren, von einem geringen Schwierigkeitsgrad zur nächsthöheren Stufe. Je umfassender eine Übung ist, desto mehr Schritte sind erforderlich, diese Übung gut durchführen zu können. Die »übersprungene Stufe« zeigt an, daß Sie *zu hoch* angesetzt haben, bevor eine *frühere* Übung wirklich beherrscht wurde. Ein krasses Beispiel dafür wäre der Fall, wenn ein Spieler, der kaum einen aus der Hand zugeworfenen Ball schlagen kann, einen Aufschlag in Szene setzen will. Natürlich wird er scheitern. Es existieren in der Praxis noch zahlreiche andere Beispiele, bei denen Spieler versuchen, höhere Stufen zu nehmen, bevor die elementaren gemeistert wurden. So ist oft zu beobachten, daß Anfänger oder auch etwas fortgeschrittene Spieler sich alle Mühe geben, einen Ballwechsel über die Distanz von etwa 25 Metern zustande zu bringen. Tödlich für die Spielfreude! Ein- bis zweimal wird der Ball getroffen – danach gerät das Spiel außer Kontrolle. Drei- oder viermal schießt der Ball übers Netz – Sekunden später ist man schon mit dem Aufsammeln der Bälle beschäftigt. Das ganze geht immer und immer wieder über die Bühne, zäh wie Kaugummi! Dabei wäre der Schlagabtausch einfacher zu bewerkstelligen. Es fehlt nur am Wissen, *wie* man den Spielfluß und häufigen Ballwechsel gestaltet.

Offensichtlich ist hier eine Stufe (oder mehrere Stufen) übersprungen worden, der Schwierigkeitsgrad *zu hoch* angesetzt. Bei dieser Übung zu *bleiben, ohne zurückzugehen,* bedeutet nichts anderes als sich unendlich lange darauf zu fixiieren. Ein frustrierendes Erlebnis!

Worin bestünde die korrekte Vorgehensweise? Im Falle der vergeblichen Ballwechsel über die gesamte Spielfelddistanz wäre die richtige Taktik, die Entfernung zum Partner schrittweise zu verringern. Bei jeder niedrigeren Stufe müßte ein neuer Versuch gestartet werden. Noch keine längeren Ballwechsel? Wieder kein Erfolgsgefühl? Wenn man das Spiel beim Ballwechsel auf kürzere Distanz immer noch nicht beherrscht und dieser Schritt auch nach einiger Zeit noch nicht gemeistert wird, dann gibt es nochmals einen niedriger liegenden Schwierigkeitsgrad, der noch nicht bewältigt wurde. Es existiert noch eine Stufe, die vorher übersprungen wurde!

Welcher Schwierigkeitsgrad aber ist unterhalb des Spielens auf kürzere Distanz angesiedelt? – Nun, das

Schlagen nach Zuwerfen des Balls. Die Stufen gehen zurück bis zu den einfachsten Ball-Gewöhnungsübungen, die wir Ihnen vorgestellt haben.

Das Prinzip dieser Technik funktioniert also folgendermaßen:

1. Hinzulernen auf graduell ansteigendem Schwierigkeitsniveau bedeutet, daß auf jeder neuen Stufe etwas mehr gelernt wird als auf der vorausgegangenen.

2. Mit jeder Stufe, die man nimmt, verbessert man seine Fähigkeiten. Jede Stufe für sich muß so lange trainiert werden, bis sich ganz subjektiv ein Wohlgefühl des Fortschritts einstellt. Wenn man nichts Neues beginnt, bevor die vorhergehende Stufe beherrscht wird, geht die Entwicklung *wesentlich* schneller vonstatten, als wenn man sich zuviel vornimmt und »ewig« an einer (zu schwierigen) Übung herumkrebst.
   Das Prinzip ist einleuchtend: Wer z.B. beim Mathematikunterricht in der Schule das kleine Einmaleins nicht beherrscht, blockiert seine Entwicklung in diesem Fachgebiet. Wer die Grundrechenarten nicht bewältigen kann, wird niemals die Differentialrechnung meistern.

3. Sobald man also bemerkt, daß man eine Stufe übergangen hat, sollte man zurückgehen, sollte nach der Stufe suchen, die noch bewältigt werden konnte, die noch Freude bereitete. Genau am Ende dieser Stufe setzt die Problematik ein. Die Übung wurde *noch nicht* oder *nicht ganz* bewältigt: eine »übersprungene Stufe«. Von dort ab wird's zäh. Man bewältigt diejenige Stufe, wo man gestolpert ist, nachher mit Erfolg, wenn man zurückgegangen ist. Man kommt beim Training wieder *voran*. Die Entwicklung wird wesentlich flüssiger, wenn man auf der richtigen Stufe trainiert und ausreichend Bälle schlägt.

Sie sollten die Fortschritte bei Schülern einmal beobachtet haben, bei denen diese Methodik konsequent angewendet wurde. Sie überflügelten die Entwicklung derjenigen, die zäh und lange an einer gewissen Stufe hingen. Um es noch einmal zu wiederholen: Die Stufe, an der Sie hängen, ist also *nicht* die *Ursache* Ihrer Schwierigkeiten. Die Ursache liegt auf einer *früheren* Stufe. Mit der Beherrschung der *früheren* Stufe kann auch die Entwicklung auf der höheren Stufe wieder einsetzen.

So einfach diese Erkenntnis ist, so groß sind die Auswirkungen. Da diese Tatsachen natürlich in jedem Fachgebiet vorkommen, üben sie ihren negativen, hemmenden Einfluß eben auch im Tennissport aus. Sie wirken jedoch positiv, wenn man sie durchschaut und deshalb in der Lage ist, wesentlich *kontinuierlicher voranzukommen.*

Es sollte in diesem Zusammenhang der Fairneß halber darauf verwiesen werden, daß es sich bei der Darstellung der Hubbard-Studientechnologie um eine subjektive, unvollständige und allein auf den Tennissport bezogene Interpretation handelt. Wenden Sie die Technik an, und Ihre Freude am Tennissport wird *noch* größer sein und Ihre Entwicklung jedenfalls gleichmäßiger!

XIII. Die »brisanten 7« – Tips für besseres Tennis

Sie spielen bereits mit mehreren Partnern? Sie haben die Phase gemeistert, »10 Punkte gleichzeitig bedenken zu wollen« – was, nebenbei gesagt, nur zur Verkrampfung führt? Sie sind in der Lage, einen Ballwechsel zustande zu bringen, also mit Ihrem Partner kontinuierlich über das Netz zu spielen? Nun, dann sollten Sie sich mit den »heißen 7« vertraut machen. Die Anwendung dieser besonderen Tips wird nicht nur bei konsequenter Anwendung Ihr Fortkommen als Anfänger fördern, sondern kann auch das Spiel von Fortgeschrittenen und professionellen Spielern verbessern. Apropos Profis: Diese Könner arbeiten permanent an sich selbst und nehmen selbst immer wieder Trainerstunden, um ihre Techniken zu verfeinern!

Unser Ziel ist es, mit den folgenden Hinweisen Ihr Spiel konstanter zu gestalten und die Häufigkeit Ihrer Erfolgserlebnisse zu erhöhen. Diese Tips sind somit ein Schlüssel zu noch mehr Freude am Spiel.

Bevor Sie Ihr nächstes Training in Angriff nehmen, picken Sie sich einen dieser Ratschläge heraus, studieren Sie ihn und nehmen Sie ihn genau unter die Lupe. Am besten beginnen Sie aber in der angegebenen Reihenfolge. Sie können sich jedoch auch einen Tip heraussuchen, der Ihnen ganz besonders wichtig erscheint, da Sie in diesem Punkt bereits Probleme in Ihrem Spiel bemerkt haben. Gehen Sie im übrigen immer nur mit *einem* Vorsatz auf den Platz und beschließen Sie z. B., den Ball genau zu beobachten. *Konzentrieren* Sie sich während der gesamten Trainingszeit darauf und *tun* Sie es. Immer wieder! Vielleicht mag es Ihnen am Anfang seltsam erscheinen, da Ihr Spielablauf sich nur geringfügig verändert. Aber bleiben Sie dabei! Sie sind im Begriff, Ihr Spiel *wirklich* voranzutreiben. Also, los geht's!

1. Seien Sie entspannt

1.1 Fehler

Manche Spieler sind zu verspannt, denken an zu viele Einzelheiten der Bewegungen auf einmal und lenken zudem ihre Aufmerksamkeit auf andere Dinge (z.B. Beruf, Studium oder die Zuschauer und Objekte in ihrer nächsten Umgebung).

117

Süddeutscher
Rundfunk
Bibliothek

1.2 Auswirkungen

- Verspannung ruiniert mehr Spiele als fehlendes Talent.
- Der Körper kann nicht natürlich und flüssig reagieren.
- Der Körper ermüdet schnell.
- Das Timing, d. h. der richtige zeitliche Bewegungsablauf zum Ball, ist gestört, der Ball wird seltener und des öfteren falsch getroffen.
- Die Spielfreude vermindert sich beträchtlich.

1.3 Richtig

- Starten Sie ruhig und entkrampft.
- Führen Sie flüssige Bewegungen ohne Hektik aus.
- Lenken Sie Ihre Aufmerksamkeit nur auf das Spiel.
- Lassen Sie Körper und Schläger die Bewegungsarbeit machen.
- *Bestimmen Sie,* was Sie *jetzt* und *hier* erreichen wollen.

2. Seien Sie bereit

2.1 Fehler

- Die Ausgangsstellung wird nicht völlig richtig eingenommen.
- Der Schläger hängt an einer Seite herab.
- Der Griff ist nachlässig.
- Es wird nicht höchst aufmerksam darauf geachtet, was unmittelbar passieren wird.

2.2 Auswirkungen

- Die Absichten des Gegners werden nicht frühzeitig erkannt.

118

- Die Balance zum schnellen Start in jede Richtung ist nicht vorhanden.
- Die Reaktionen setzen zu spät ein.
- Das Timing stimmt nicht. Übereilte Reaktion verursacht unkontrollierte Schläge.

2.3 Richtig

- Nehmen Sie eine bequeme und doch gespannte (nicht verspannte) Ausgangsstellung ein.
- Stellen Sie eine gewisse Spannung im Körper von den Zehenspitzen bis zu den Händen her.
- Halten Sie den Schläger etwa in Brusthöhe.
- Achten Sie auf Ihren richtigen Vor- oder Rückhandgriff.
- Seien Sie aufmerksam und bereit, wie von der Sehne geschnellt in Richtung Ball zu laufen.

3. Beobachten Sie den Ball genau

3.1 Fehler

- Die Aufmerksamkeit ruht auf Erlebnissen der Vergangenheit, auf Zuschauern oder Objekten der Umgebung.
- Es wird vornehmlich auf den Punkt im Spielfeld geachtet, wo der Ball auftreffen soll.
- Der Gegner wird zu lange beobachtet, der Ball befindet sich damit nicht mehr unter Kontrolle.

3.2 Auswirkungen

- Der Ballweg kann nur unsicher vorherbestimmt werden.
- Es wird zu spät ausgeholt und der Ball nicht rechtzeitig getroffen.

119

- Der Ball trifft nicht im optimalen Bereich innerhalb der Schlagfläche auf.
- Der Druck auf den Gegner ist zu gering.
- Die Fehlerquote erhöht sich. Proportional zu den Fehlern reduzieren sich Spielstärke, Selbstbewußtsein und Spielfreude.

3.3 Richtig

- Lassen Sie den Ball »nicht aus den Augen«.
- Hilfestellung: Beobachten Sie die Naht des Balles im Fluge, dadurch wirkt der Ball subjektiv plastischer und realer.
- Genaues Beobachten bewirkt, daß sich Körper- und Schlagreaktionen automatisch schneller einstellen.

4. Bewegen Sie die Beine

4.1 Fehler

- Die Stellung ist zu »statisch«, es wird keine Dynamik entwickelt.
- Es ist keine Balance vorhanden.
- Es werden zu große Schritte gemacht.

4.2 Auswirkungen

- Der Ball wird zu spät erreicht.
- Füße und Schulter stehen nicht optimal zum Ball, die Schläge funktionieren nur mäßig.
- Der Gegner gerät nicht unter Druck, ein passives Spiel wird provoziert.
- Der Fitneß-Effekt ist geringer, die Pulsfrequenz ist niedriger.

120

121

4.3 Richtig

- Bleiben Sie locker in Bewegung, nehmen Sie keine Warteposition mit statisch aufgesetzten Füßen ein.
- Rennen Sie mit nur kleinen Schritten zum Ball.
- Laufen Sie nach dem Schlag zur Mitte zurück.
- Bleiben Sie ständig in Bewegung, Bewegung, Bewegung, Bewegung!

5. Holen Sie frühzeitig aus

5.1 Fehler

- Die meisten Spieler holen zu spät aus, oftmals erst dann, wenn der Ball »bereits da ist«, also aufgesprungen ist.

5.2 Auswirkungen

- Ein überhastetes Spiel ist die Folge.
- Der Ball wird zu spät getroffen.
- Verkrampfungen stellen sich ein.
- Ihr Spiel gerät außer Kontrolle.
- Angriffsbälle können kaum geschlagen werden.
- Man wird unversehens in die Defensive gedrängt.

5.3 Richtig

- Spätestens wenn der gegnerische Ball am Netz ist, sollten Sie den Schläger ohne Hast zurückführen.
- Die goldene Regel lautet: »Besser zu früh als zu spät«.
- Hilfestellung: Stellen Sie sich eine Verbindung (einen Stab oder einen Druckstrahl) zwischen dem Schläger Ihres Gegners und Ihrem Schläger vor. In dem Augenblick, da Ihr Kontrahent zuschlägt, wird Ihr Schläger zurückgedrückt. Mit dieser Vorstellung gewinnen Sie genügend Zeit für eine rechtzeitige Ausholbewegung, für eine günstige Stellung und für einen kraftvollen, kontrollierten Schlag.

6. Treffen Sie den Ball vor dem Körper

6.1 Fehler

- Die meisten Spieler treffen den Ball zu spät, etliche sogar seitlich hinter dem Körper oder auch zu eng am Körper.

6.2 Auswirkungen

- Es kann nur eine geringe Hebelwirkung zum Einsatz gebracht werden.
- Die Kraftübertragung auf den Ball ist bescheiden.
- Aufgrund der geringen Geschwindigkeit der eigenen Bälle wird man in die Defensive gedrängt.
- Der Körper wird überbeansprucht.

122

- Die Voraussetzungen, um Tennis-Spezialschläge zu lernen, sind denkbar schlecht.

6.3 Richtig

- Wenden Sie Punkt 5.3 an.
- Achten Sie darauf, daß Sie den Schläger in Richtung Ball früh und flüssig nach vorn bringen.
- Streben Sie einen Treffpunkt *vor* dem Körper an, da dort die Hebelwirkung größer ist. Der Ball wird mit größerer Geschwindigkeit ins gegnerische Feld katapultiert.
- Beachten Sie die Erläuterungen über die »Treffstrecke« im Kapitel »Technik« (XI.).

7. Lassen Sie den Schlag auslaufen

7.1 Fehler

- Der Schläger wird nach dem Treffen des Balls abgestoppt.
- Der Schläger wird zu schnell von der freien Hand aufgefangen.

7.2 Auswirkungen

- Es entsteht kein Bewegungsfluß, ein abruptes Spiel ist die Folge.
- Der Körper verkrampft sich.
- Die Ballkontrolle ist reduziert, da das Timing durcheinandergerät.

7.3 Richtig

- Lassen Sie den Schläger in Schlagrichtung zum anvisierten Punkt durchschwingen.

123

Wenn sich der Schläger ganz natürlich nach links zum Ausschwingen bewegt (z. B. beim Vorhandschlag bei Rechtshändern), so ergreift die linke Hand *danach* den Schläger wieder am Schlägerherzen. Die Vorbereitung auf den nächsten Schlag beginnt.

XIV. Sportabzeichen für Tennisspieler

Der Verband Deutscher Tennislehrer ist der einzige Berufsverband für Tennistrainer mit einem hohen Ausbildungsniveau. Er ist – in Verbindung mit der Technischen Universität München – für die Ausbildung der staatlich geprüften Tennislehrer zuständig.

Aus den Reihen der VDT-Tennislehrer kam auch die Idee, ein Sportabzeichen für Tennisspieler ins Leben zu rufen (Abb. 124). Unter maßgeblichem Einfluß der VDT-Tennislehrer Beppo Pöttinger und Knud Kalisch schuf man ein Leistungsabzeichen, ähnlich dem weithin bekannten Sportabzeichen anderer Disziplinen.

Geschaffen wurde es vor allem für diejenigen, die Tennis nicht als Leistungssport betreiben – und das sind immerhin die meisten Tennisspieler. Diesen Spielern ist damit die Möglichkeit gegeben, auch ohne Teilnahme an Turnieren ihre Spielfähigkeit zu messen. Desgleichen können auch bessere Spieler beweisen, wie gut sie – objektiv betrachtet – das Tennisspiel beherrschen. Während viele Spieler mehr das grüne und bronzefarbene Abzeichen zu erringen suchen, zielen die Engagierteren wohl eher auf das silberne oder gar goldene Abzeichen ab.

Drei Jahre dauerte die Entwicklung dieses Prüfungssystems, das sich an der Wettkampfpraxis orientiert. Die unterschiedlichen Testaufgaben sind zudem ein hervorragendes Hilfsmittel für das Tennistraining, da hierbei die wichtigsten Schläge geübt und spielbezogen kombiniert werden.

Die Idee ist für Spieler aller Leistungsklassen inspirierend, weil dem persönlichen Engagement Ziele gesetzt

124

werden und eine Bestätigung für Geleistetes geboten wird. Ausgesprochen vorteilhaft ist das Abzeichensystem außerdem für Spieler, die sich keinen Trainer leisten können oder wollen. Während des Prüfungsablaufes können sie von erfahrenen Tennislehrern auf Fehler und Schwächen aufmerksam gemacht werden.

Tennislehrer Beppo Pöttinger fordert: »Spiel bewußter Tennis.« Es lohnt sich, einen der besten Trainer genau zu zitieren: »Wenn man einen normalen Menschen – gleich welcher Spielstärke – im Tennis weiterbringen will, wenn man ihm Spaß und Freude vermitteln möchte, dann muß man ihm gegenüber ehrlich sein ... Wir müssen anfangen, dem Schüler auseinanderzulegen, wo es fehlt. Und es fehlt meistens nicht an den Schlägen. Der Spieler muß sich klar darüber werden, was er gerade macht bzw. welche Bewegung beim Schlagen er gerade ausführt. Tennisspieler wissen sehr oft nicht, wo sie gerade auf dem Platz sind und was sie tun. Der Spieler muß sich mit der Theorie auseinandersetzen. Von den verschiedenen Tests erhoffe ich mir, daß die Tennisspieler anfangen, mit System zu trainieren. Man trainiert, wenn man jede Übung regelmäßig durchspielt. Effektivität der Technik, Schläge, Plazierung, Genauigkeit, Tempo, Gleichmä-

125

ßigkeit und Bewegungsfluß spielen eine Rolle. Nur wenn man diese Testschläge übt, kann man aus den Grundschlägen sein eigenes Tennisspiel entwickeln. Der Breitensportler sollte beginnen, sich mit den koordinativen Fähigkeiten zu beschäftigen. Steigt er auf dieses Boot, dann wird er überrascht sein, welche enormen Fortschritte er zuwege bringt.«

Sie können dieses Sportabzeichen-System hervorragend einsetzen, um Ihren Fortschritt daran zu messen (Abb. 125). Richten Sie sich an einen lizenzierten Trainer, sobald Sie die Spielstärke erreicht haben, damit Sie einen kontrollierten Spielfluß gestalten können. Auch wenn Sie nicht bestehen sollten, lassen Sie sich keine grauen Haare darüber wachsen. Im Gegenteil! Sie werden erfahren, an welchen Voraussetzungen Sie noch arbeiten müssen. Aber diese Tests werden Sie direkt weiterbringen, Sie stärker Tennis spielen lassen, wodurch sich Ihnen die Feinheiten des Tennissports noch weiter erschließen. Und das ist gleichbedeutend mit erhöhter Spielfreude und häufigeren Erfolgserlebnissen.

Der Verband Deutscher Tennislehrer in Hanau teilt Ihnen sicherlich gerne den in Ihrer Nähe erreichbaren Trainer mit, der eine spezielle Lizenz zur Abnahme dieser Tests besitzt. Auch innerhalb der Trimmspiele des Deutschen Sport-Bundes können – in Verbindung mit dem Deutschen Tennis Bund – Prüfungen zur Erlangung der Tennis-Sportabzeichen abgelegt werden.

XV. Tennisspieler und Ernährung

»Mit zweitklassiger Ernährung wird man nie ein erstklassiger Spieler.« Das ist das Credo von Spitzentrainern wie Klaus Hofsäss oder Tom Würth und Spitzenspielern wie Michael Westphal oder Hans-Jörg Schwaier sowie der gesamten deutschen Spitzenklasse. Gerade auch die Jugend- und Juniorenspieler werden von ihrem Trainer frühzeitig an das Thema Ernährung herangeführt. Die deutschen Spitzenspieler machen es deshalb wie Martina Navratilova und arbeiten mit Ernährungswissenschaftlern zusammen.

Unter dem Thema »Nahrungsergänzung, die optimale Versorgung bei Sport, Spiel und Leistung« sorgt z.B. SHAKLEE in München fortschrittlich für Aufklärung unter dem Motto »Mehr Freude durch mehr Leistungsfähigkeit«. Profis, regionale Turnierspieler und Freizeitspieler wissen um die Vorteile einer gezielten Ernährung.

Das Hauptaugenmerk bei der Ernährung des Tennisspielers liegt auf einer kohlenhydrat- und vitaminreichen Ernährung. Wer den Werdegang von Martina Navratilova und Ivan Lendl genau mitverfolgt hat, dem muß immer wieder diese Art der Ernährung auffallen. Kohlenhydrate (dazu zählen Frucht- und Traubenzucker, aber auch Stärke) liefern dem Organismus Energie und – wichtig im Tennis – sorgen für Konzentrationsfähigkeit. Denn anders als die Muskeln, die auch Fett zur Energiegewinnung verwenden können, brauchen Gehirn und Nervensystem unbedingt Kohlenhydrate.

Während der sportlichen Leistung werden die Kohlenhydrate kontinuierlich aus den Speichern in Leber und Muskeln ins Blut abgegeben – solange bis die Speicher leer sind. Danach können sich Hungergefühl und sogar Schwindel einstellen. In früheren Zeiten kam dies während sportlicher Wettbewerbe immer wieder vor! Doch heute ist erfreulicherweise die Ernährungsmethodik so weit fortgeschritten, daß der Tennissportler solche Situationen vermeiden kann.

Vielerorts wird diese Thematik nun schon diskutiert, erprobt und angewendet. Gehen wir auf die leistungssteigernden Wirkstoffe also noch ein wenig intensiver ein, denn Freizeitspieler unterliegen prinzipiell den gleichen körperlichen Funktionen wie Turnierspieler.

Kohlenhydrate für die Ausdauer

Zum Auffüllen und Anlegen von Energiespeichern und Reserven haben sich die sogenannten komplexen Kohlenhydrate (in Form von Vollkorngetreide, Obst, Gemüse und Kartoffeln, also Kohlenhydrate, die gleichzeitig auch Vitamine, Mineralstoffe und Ballaststoffe liefern können) als besonders geeignet erwiesen. Für schnelle Energielieferung (z. B. vor, während und nach Wettkämpfen oder dem Training) empfehlen sich schnell verdauliche Kohlenhydrate wie Fruchtzucker und Extrine (z. B. Energie-Mineral-Erfrischungsgetränke mit zusätzlichen Mineralstoffen). 48–60% der Kalorienzufuhr sollte durch hochwertige Kohlenhydratkalorien geleistet werden. Auf eine Zusatzernährung mit speziell zusammengestellten kohlenhydratreichen Produkten kann jedoch dabei kaum verzichtet werden.

Den leistungssteigernden Effekt der Kohlenhydrate zeigt die Abbildung auf S. 159.

Bei sportlichem Training und bei Wettkämpfen ist es deshalb wichtig, wenn in möglichst kurzen Abständen (5–15 Minuten) verbrauchte Kohlenhydratreserven durch

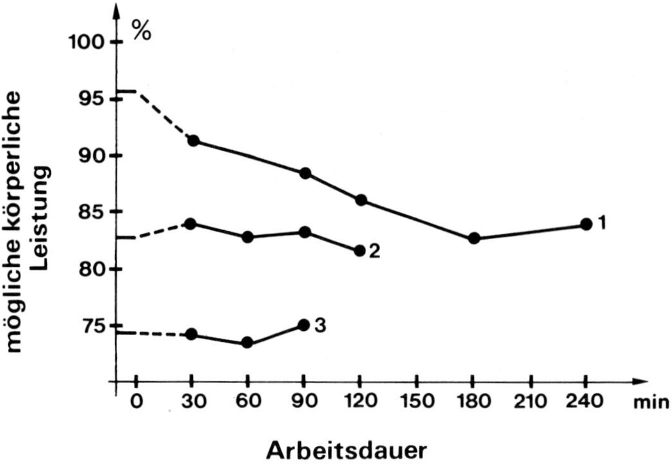

Leistungsvermögen unter gleicher Arbeitsschwere bei Ernährung mit 1 = KH; 2 = Eiweiß; 3 = Fett

kleine Mengen nicht belastender Energie-Mineral-Getränke, Energie-Vitamin-Riegel oder leicht verdaulicher Kohlenhydrat-Protein-Getränke erneuert werden. Dadurch wird das Leistungsvermögen auf einem hohen Niveau gehalten. Durch schnell verdauliche Kohlenhydrate kann auch zentralen Ermüdungserscheinungen oder unkonzentriertem Verhalten vorgebeugt werden.

Eiweiß für die Kraft

Eiweiß ist als Aufbausubstanz die Voraussetzung für jegliche muskuläre und geistige Arbeit. Je nach Sportart wird eine Eiweißaufnahme von 13–20% der gesamten Nährstoffzufuhr empfohlen. Anders ausgedrückt heißt das: Ein Nichtsportler benötigt täglich rund 1 Gramm Eiweiß pro Kilogramm Körpergewicht, bei einem Kraftsportler sind es bis zu 4 Gramm. Gerade bei Sportlern mit erhöhten Nerven- und Muskelaktivitäten (Erregung) ist der Eiweißstoffwechsel und folglich der Eiweißbedarf intensiver.

Spezielle Eiweißkonzentrate helfen, diesen Bedarf zu decken. Denn mit 1 Kilogramm Kartoffeln und 10 Eiern kann man unter Berücksichtigung einer ungesund hohen Cholesterinaufnahme nur 90 Gramm Eiweiß zuführen. Im Gegensatz dazu sind Eiweißkonzentrate verfügbar, die frei von Cholesterin und Purinkörpern sind, aber gleichzeitig Vitamine sowie Kohlenhydrate liefern, die der Körper neben Eiweiß vor allem für körperliche Aktivitäten benötigt. Auf unnötig hohen Fleischverzehr, der immer verbunden ist mit hoher Cholesterin-, Purin- und Fettzufuhr, kann deshalb verzichtet werden.

Vitamine für körperliche und geistige Leistungsfähigkeit

Für Sportler besteht insgesamt ein erhöhter Grundbedarf aller Vitamine und oftmals ein zusätzlicher Bedarf an einzelnen Vitaminen, vor allem an B-Komplex-Vitaminen, an Vitamin C und Vitamin E.

Viele Sportler und auch Nichtsportler nehmen aus Gründen der Zeitersparnis beispielsweise die tägliche Hauptmahlzeit in Kantinen ein. Oder sie essen Konserven bzw. sogenannte Schnellgerichte in entsprechenden Restaurants und zu Hause. Durch längere Hitzebehandlung, Lagerung, Lufteinflüsse usw. kann der Vitamingehalt dieser Speisen weit unter den Erfordernissen liegen, was wiederum nach einer nahrungsergänzenden Vitaminzufuhr verlangt.

Vitaminmangel führt – je nach Schweregrad – zu Mangelerscheinungen und Leistungsschwäche. Ein Vitaminüberschuß oberhalb des optimalen Bedarfs verursacht allerdings keine weiteren Leistungssteigerungen. Eine ausgewogene, bedarfsangepaßte Dosierung ist deshalb Grundvoraussetzung für optimale Wirksamkeit.

Minerale – Die Stütz- und Regelstoffe

Minerale sind von größter Bedeutung für viele Körperfunktionen. Unter anderem üben sie eine Stützfunktion für die Knochenfestigkeit aus, außerdem sind sie mitverantwortlich für die Erregungsübertragung in den Nerven und für die Muskelbewegung. Die Leistungsfähigkeit des Körpers insgesamt ist also in nicht unbeträchtlichem Maße von Mineralien abhängig.

Die Mineralstoffzufuhr muß in erster Linie die mit dem Schweiß verlorengegangenen Mineralstoffe ausgleichen. Bis zu 4 Litern pro Stunde kann der Schweißverlust während eines Wettkampfes betragen. Aber auch Freizeitsportler unterliegen einem oftmals beträchtlichen Schweißverlust. Wird dieser Verlust nicht ausgeglichen, kann es zu Krämpfen und allgemein zu Leistungseinbußen kommen. Mit Energie-Mineral-Getränken können vor, während und nach den Wettkämpfen (und auch beim Training und dem allgemeinen Spiel) die Mineralstoffe in ausreichender Form zugeführt werden. Gleichzeitig werden damit schnell verdauliche Energielieferanten dem Körper zur Verfügung gestellt, sowie die notwendige Menge an Flüssigkeit.

Eine zentrale Stellung nimmt bei der Mineralstoffversorgung das Eisen ein. Eisenmangel tritt nach Untersuchungen von Professor Keul, dem Chefarzt des Olympischen Ärzteteams im Jahre 1984, bei Sportlern besonders häufig auf. Folgeerscheinungen sind verminderte Leistungsfähigkeit, eine vorzeitige Übersäuerung, allgemeine Störungen des Wohlbefindens und Kreislaufstörungen.

Ausdrücklich empfiehlt Professor Keul Eisenprodukte, die mit Vitamin C und Vitamin B kombiniert sind. Die

Kombination fördert die Blutbildung und den Energieumsatz in der Zelle und damit die »innere Atmung«.

Flüssigkeit allein genügt nicht

Wasser allein würde nicht ausreichen, um nach Aktivitäten, die mit Schweißverlusten verbunden sind, den Durst zu stillen. Vielmehr sind Getränke mit ergänzenden Zusätzen (Kalium, Kalzium, Magnesium, Phosphat, Natrium und Chlorid) notwendig, um frühzeitig einem leistungsmindernden Absinken der entsprechenden Reserven vorzubeugen. Bereits ein Flüssigkeitsverlust durch Schweißabgabe von 2% des Körpergewichtes (= 1–1,5 Liter) führt zu einer Verminderung der Ausdauerleistung von bis zu 20%, vorausgesetzt, die Verluste werden nicht frühzeitig ausgeglichen. Bei Flüssigkeitsverlusten von 6% des Körpergewichts (3–4,5 Liter) treten erhebliche Störungen (wie z.B. psychische Labilität) auf.

Die sportmedizinische Empfehlung lautet also: Führen Sie sich häufig kleinere, nicht den Magen belastende Mengen eines wohltemperierten Getränkes zu, das gleichzeitig Vitamine, Mineralstoffe und Energie liefert.

Hobbyspieler, regionale Turnierspieler und Profis werden bei Beachtung dieser Ernährungsmethoden erfolgreicher Tennis spielen und damit mehr Zufriedenheit und Freude erleben.

XVI. Verletzungen im Tennissport

Ort des Geschehens: München. Jahr: 1985. Aktueller Anlaß: Morgendliche Trainingsarbeit Nyströms mit Johannson für den Davis-Pokal. Die Spieler beginnen sich langsam, sehr langsam und ruhig »einzuschlagen«. Nicht eine einzige hektische Bewegung, kein Sprung, kein Ruck, statt dessen gleitende, flüssige Bewegungsabläufe über eine längere Periode. Nach einiger Zeit wird das Tempo langsam gesteigert, das Tempo der Bälle ist jedoch immer noch recht gemächlich. Die Spieler spielen sich warm, bauen ihren Rhythmus und ihr Timing auf.

Ort des Geschehens: Köln. Jahr: 1985. Aktueller Anlaß: Abendliche Trainingsarbeit von Müller und Schulze. Die Spieler betreten den Platz, beginnen wild auf den Ball zu dreschen, springen energiegeladen nach hohen Bällen und schmettern in Richtung gegnerisches Feld. Nach zwei Minuten die Aufforderung von Schulze: »Wir fangen an. Ich schlage auf!« Gesagt, getan. Doch auf einmal ein Schmerz im Oberarm – Muskelfaserriß.

Dieses Beispiel zeigt, daß Sportverletzungen in erster Linie durch Unwissen oder unkluges Verhalten verursacht werden können. Dies geschieht leider allzu oft. Wenn Weltklassespieler ihr Anfangsspiel in ähnlicher Weise wie Freizeitspieler gestalten würden, wären sie bald nicht mehr in der Lage, Weltklassetennis zu spielen.

Das eingangs geschilderte Warmspielen sollte von allen Tennisspielern angewandt werden. »Warmspielen« bedeutet »spielen, um warm zu werden«, um den Organismus auf Leistungstemperatur zu bringen. Muskeln, Sehnen und Bänder sind im aufgewärmten Zustand sehr belastbar, jedoch im kalten Zustand nicht geschmeidig und dehnbar genug, um plötzlich auftretende Belastungen aushalten zu können.

Machen Sie es richtig! Erhöhen Sie Ihren Spielgenuß, indem Sie *langsam* und *ruhig* beginnen, steigern Sie mit dem Wärmerwerden systematisch Ihre Schlaghärte und Ihren Bewegungsradius. Ihr Körper wird es Ihnen langfristig mit Aktionsbereitschaft und hoher Belastbarkeit danken!

Welche weiteren Verletzungen sind für den Tennissport typisch? Außer dem geschilderten Muskelfaserriß können hier und da Muskelzerrungen, Bänderdehnungen und Probleme mit den Sehnen auftreten. Muskelverletzungen kommen in der Regel in den Beinen (Waden, Oberschenkel) vor, sowie im Bereich der Schulter (Schlagarmschulter). Bänderdehnungen durch Umknikken eines Sprunggelenks sind sehr schmerzhaft und normalerweise mit einem Anschwellen des Knöchelbereiches verbunden. Eine Ruhigstellung ist in den genannten Fällen (von der Dauer her gesehen unterschiedlich, je nach Verletzung) unbedingt zu empfehlen. Die Genesungsdauer nimmt bei Bänderdehnungen eine längere Zeit als bei den anderen genannten Schäden in Anspruch. Nach Abklingen der akuten Phase bei Muskelverletzungen besteht die Notwendigkeit, das Organ durch Bewegung langsam wieder mehr und mehr zu belasten. Ein Arztbesuch wird grundsätzlich empfohlen, damit eine korrekte Diagnose gestellt werden kann. In Zusammenarbeit mit dem Arzt sollte die volle Belastbarkeit so schnell wie möglich wiederhergestellt werden.

Verstauchungen drohen vor allem auf Hartplätzen, die ein Rutschen wie auf Sandplätzen nicht zulassen. Knie- und Fußgelenke können hier leichter über ihren natürlichen Spielraum hinaus durch eine plötzliche Bewegung überlastet werden. Ein Bluterguß und eine Schwellung treten als äußeres Zeichen der Überbelastung auf. Auch hier ist der Besuch des dafür ausgebildeten Facharztes notwendig.

Der Tennisarm ist jene »berühmte« chronische Verletzung, die, wie der Name ausdrückt, mit dem Tennis in Verbindung gebracht werden kann. Doch diese Sehnenproblematik tritt ebenso bei anderen Tätigkeiten auf. Zum großen Teil ist der Tennisarm oder Tennisellbogen auf eine Überbeanspruchung des Sehnenansatzes am unteren Ende des Oberarmknochens zurückzuführen. Von Ausnahmen abgesehen, beruht der Tennisarm fast immer auf einer unsauberen Rückhand-Schlagtechnik, d. h. ein chronisch falsches Verdrehen führt mit der Zeit zu einer Überbeanspruchung der Sehne am Ellbogengelenk. Oftmals wird diese Belastung zusätzlich durch zu harte Besaitungen, unelastische Schläger und auch verbrauchte Bälle begünstigt.

Eine Schnelltherapie kann hier in der Regel nicht empfohlen werden. Trainingspausen und Ruhigstellung sind die korrekten erforderlichen Maßnahmen. Vor allem ist in diesem Falle anschließend der Weg zum Tennislehrer äußerst sinnvoll. Denn nur die umfassende Umstellung der Rückhand-Schlagtechnik stellt die langfristig einzig richtige Lösung dar.

Noch ein Wort zu den nicht selten auftretenden Krämpfen, die vor allem an den Waden, aber auch im Oberschenkelbereich auftreten. Ein durchtrainierter Körper, der zudem noch vor und während des Spiels mit ausreichend Flüssigkeit und Mineralien versorgt wird, ist normalerweise nicht anfällig gegen diese plötzlich auftretenden Muskelkontraktionen. Vorgefertigte Mineralienmixturen mit Vitaminzusätzen erfreuen sich immer größerer Beliebtheit. Sollte trotzdem einmal ein Krampf auftreten, strecken Sie das Bein des Spielers gerade aus, drücken seine Ferse gegen den Boden und die Zehen von unten in Richtung Oberschenkel. Dadurch wird sich der Krampf höchstwahrscheinlich auflösen.

Zu den Problemen der Tennisspieler zählen ferner Blasen an Händen und Füßen. Zu Beginn der Saison, bei

Schläger- oder Schuhwechsel, sind Blasen nicht immer zu vermeiden. Nachdem Sie die Stelle desinfiziert haben, schneiden Sie die Blase mit einer ebenfalls desinfizierten Schere an der Seite ein und decken die Stelle mit Pflaster ab. Nach wenigen Tagen können Sie wieder ihr Spiel aufnehmen.

Gewöhnlich treten Verletzungen dann auf, wenn Sie Ihren Körper über Gebühr strapazieren. Sie können Ihren Körper jedoch gut kontrollieren, wenn Sie ihn trainiert *halten* und die Betriebstemperatur im Organismus durch *gezielt langsamen Aufbau* aufheizen. Gymnastik mit Dehnungsübungen vor dem Training und Spiel verkürzen die notwendige Warmspielzeit, machen sie jedoch nicht gänzlich überflüssig. Doch letztlich gewinnen Sie damit wertvolle Spielzeit, da Sie früher mit dem ersehnten Spiel beginnen können.

Wenn Sie Ihrem Körper diese Behandlung gönnen, wird er Sie im Sport optimal unterstützen und Ihnen *echte, unbeschwerte Spielfreude* garantieren.

XVII. Tennisregeln der International Tennis Federation

Prinzipiell bieten sich an dieser Stelle zwei Möglichkeiten an: Man kann nur eine Kurzinterpretation oder sogar nur die Zählweise des Regelwerkes darstellen oder die Tennisregeln in ihrer Gesamtheit wiedergeben. Wir erleben jedoch bei Anfängern wie auch bei fortgeschrittenen Spielern immer wieder, daß viele Fragen auftauchen, welche durch eine verkürzte Darstellung nicht abgedeckt würden. Aus diesem Grunde haben wir uns dazu entschlossen, die offiziellen Regeln, die auch Ihr Spiel bestimmen, in voller Länge aufzuführen. Die offizielle Ausgabe des DEUTSCHEN TENNIS BUNDES enthält im übrigen eine Vielzahl von Fallbeispielen, die Sie direkt unterstützen werden, in auftretenden Diskussionen die richtige Entscheidung zu treffen.

Wenn Sie sich jedoch nur für die Zählweise interessieren, lesen Sie am besten die Regeln 26 und 27.

Betrachten Sie dieses Buch also auch in puncto Regeln als Ihren Ratgeber und führen Sie es ständig mit sich.

Reg. 1: **Spielfeld**

Das Spielfeld bildet ein Rechteck von 23,77 m Länge und 8,23 m Breite. Es wird in der Mitte durch ein Netz geteilt, das an einem Seil oder Metallkabel mit einem Maximaldurchmesser von 0,8 cm aufgehängt ist. Die Enden sind am oberen Ende von zwei Pfosten befestigt oder darüber hinweggeführt, die nicht mehr als 15 cm im Quadrat oder 15 cm im Durchmesser sein dürfen. Die Mitte der Pfosten muß auf jeder Seite 0,914 m außerhalb des Spielfeldes stehen. Die Höhe der Pfosten muß so sein, daß das Seil oder Metallkabel 1,07 m über dem Erdboden ist.

Wenn ein kombiniertes Doppel- (siehe Regel 34) und Einzelspielfeld mit einem Doppelspielnetz für Einzelspiele benutzt wird, muß das Netz durch zwei Pfosten, »Einzelstützen« genannt, auf eine Höhe von 1,07 m unterstützt werden, die nicht mehr als 7,5 cm im Quadrat oder 7,5 cm im Durchmesser sein dürfen. Die Mitte der Einzelstützen muß auf jeder Seite 0,914 m außerhalb des Einzelspielfeldes stehen.

Das Netz muß ganz ausgespannt sein, so daß es den Raum zwischen den beiden Pfosten vollständig ausfüllt. Seine Maschen müssen eng genug sein, so daß ein Durchgang des Balles verhindert wird. Die Höhe des Netzes beträgt in der Mitte 0,914 m, wo es durch einen Gurt von nicht mehr als 5 cm Breite und völlig weißer Farbe straff niedergehalten wird. Das Seil oder Metallkabel sowie der obere Teil des Netzes müssen durch ein Band von völlig weißer Farbe eingefaßt sein, das auf jeder Seite des Netzes nicht weniger als 5 cm und nicht mehr als 6,3 cm breit sein darf.

Auf Netz, Gurt, Band und Einzelstützen darf keine Werbung angebracht sein.

Die Linien, welche das Spielfeld an den Enden und Seiten begrenzen, werden entsprechend als Grundlinien und Seitenlinien bezeichnet. Auf beiden Seiten des Netzes, je in einem Abstand von 6,40 m und parallel zu dem Netz, werden die als Aufschlaglinien bezeichneten Linien gezogen. Der von dem Netz, der Aufschlaglinie und den Seitenlinien begrenzte Raum wird durch die Aufschlagmittellinie in zwei gleiche Teile geteilt, welche Aufschlagfelder genannt werden. Die Aufschlagmittellinie muß 5 cm breit sein und wird parallel zu den Seitenlinien gezogen.

Jede Grundlinie wird durch eine als Fortsetzung der Aufschlagmittellinie gedachte, 10 cm lange und 5 cm breite Linie, genannt das Mittelzeichen, in zwei Hälften geteilt. Das Mittelzeichen wird innerhalb des Spielfeldes im rechten Winkel zur Grundlinie und in Verbindung mit derselben gezogen. Alle übrigen Linien dürfen nicht weniger als 2 1/2 cm und nicht mehr als 5 cm breit sein, ausgenommen die Grundlinie, die 10 cm breit sein darf. Alle Maße müssen von der äußeren Seite der Linien gemessen werden. Alle Linien müssen in einheitlicher Farbe sein.

Wenn an der Rückseite des Spielfeldes Werbung oder andere Dinge angebracht werden, dürfen diese keine weiße oder gelbe oder irgendwelche andere helle Farbe enthalten.

Wenn Werbung an den Stühlen der Linienrichter, die an der Rückseite des Spielfeldes sitzen, angebracht wird, darf diese kein Weiß oder Gelb enthalten.

> Anmerkung: Für die Internationale Tennismeisterschaft (Davis-Cup oder andere offizielle Meisterschaften der Internationalen Tennis Federation darf der Auslauf hinter jeder Grundlinie nicht weniger als 6,40 m und an den beiden Seiten nicht weniger als 3,66 m breit sein.

Reg. 2: **Ständige Einrichtungen**

Als ständige Einrichtungen des Platzes gelten nicht nur das Netz, die Pfosten, das Seil oder Metallkabel, die Netzeinfassung und der Netzhalter, sondern auch, sofern vorhanden, die hintere und seitliche Einzäunung, die Tribünen, feste oder bewegliche Sitze und Stühle rund um das Spielfeld mitsamt deren Inhabern sowie alle anderen festen Einrichtungen ringsum oder über dem Spielfeld. Das gleiche trifft auch für den Schiedsrichter, die Linienrichter, Fußfehlerrichter, Netzrichter und Balljungen zu, sofern sie sich auf ihren entsprechenden Plätzen befinden.

> Anmerkung: Im Sinne dieser Regel schließt das Wort »Schiedsrichter« außer diesem auch diejenigen Personen ein, welche ihm als dafür bestimmte Helfer bei der Durchführung des Spiels behilflich sind und Personen, die zu einem Sitz auf dem Platz berechtigt sind.

Reg. 3: **Bälle**

Die äußere Hülle des Balles muß glatt und nahtlos sein und weiß oder gelb. Der Durchmesser des Balles darf nicht weniger als 6,35 cm und nicht mehr als 6,67 cm, das Gewicht nicht weniger als 56,70 Gramm und nicht mehr als 58,47 Gramm betragen. Der Ball muß eine Mindestsprunghöhe von 1,35 m und eine höchste Sprunghöhe von 1,47 m haben, wenn er aus einer Höhe von 2,54 m auf eine harte Unterlage fallen gelassen wird. Der Ball muß eine Auf-Deformation von wenigstens 0,56 cm und nicht mehr als 0,74 cm haben wie andererseits eine Rück-Deformation von nicht weniger als 0,89 cm und nicht mehr als 1,08 cm aufweisen bei einem Druck von 8,165 kg. Die beiden Deformationen müssen die Durchschnittsergebnisse von drei einzelnen Längsachsen des Balles sein, von denen keine zwei in jedem Fall mehr als 0,08 cm differieren dürfen. Alle Tests für Sprung, Format und Deformation müssen in Übereinstimmung mit den Bestimmungen des Anhanges hierzu erfolgen.

Reg. 4: **Schläger**

Schläger, die den nachstehenden Vorschriften nicht entsprechen, sind zum Spiel nach den Tennisregeln nicht zugelassen:

a) Die Schlagfläche des Schlägers muß eben sein und aus einem Muster sich kreuzender Saiten bestehen, die mit einem Rahmen verbunden und an ihren Kreuzungspunkten abwechselnd verflochten oder verbunden sind; das Besaitungsmuster muß völlig gleichmäßig und insbesondere in der Mitte nicht weniger dicht sein als in irgendeinem anderen Bereich.
b) Der Rahmen einschließlich Griff darf in der Gesamtlänge 81,28 cm und in der Gesamtbreite 31,75 cm nicht überschreiten. Die Gespannungsfläche darf in der Gesamtlänge 39,37 cm und in der Gesamtbreite 29,21 cm nicht überschreiten.
c) Der Rahmen einschließlich Griff und die Saiten darf
   1. keine daran befestigten und hervorstehenden Gegenstände aufweisen, mit Ausnahme solcher, die ausschließlich dazu dienen, Verschleiß oder Schwingungen einzuschränken oder zu verhindern oder das Gewicht zu

verteilen und die für diese Zwecke nach Größe und Anbringung angemessen sind; und

2. keine Vorrichtung aufweisen, die es dem Spieler ermöglicht, die Form des Schlägers wesentlich zu verändern.

Die ITF hat die Frage zu entscheiden, ob ein Schläger oder Modell den oben angeführten Vorschriften entspricht oder sonst zum Spiel zugelassen oder nicht zugelassen wird. Eine solche Entscheidung kann aus eigener Initiative erfolgen oder auf Antrag eines Beteiligten, der in gutem Glauben ein Interesse daran hat, einschließlich jedes Spielers, Ausrüstungsherstellers, nationalen Verbandes oder dessen Mitglieder. Derartige Entscheidungen und Anträge sind in Übereinstimmung mit den entsprechenden Überprüfungs- und Anhörungsverfahren der ITF zu behandeln. Muster hierzu sind beim Sekretariatsbüro erhältlich.

Fall 1: Darf auf der Schlagfläche eines Schlägers mehr als eine Bespannung angebracht sein?

Entscheidung: Nein. Die Regel spricht klar von einem Muster und nicht von Mustern sich kreuzender Saiten.

Fall 2: Ist das Besaitungsmuster eines Schlägers als völlig gleichmäßig und eben zu betrachten, wenn die Saiten von unterschiedlichem Querschnitt sind?

Entscheidung: Nein.

Fall 3: Ist das Besaitungsmuster eines Schlägers als völlig gleichmäßig und eben zu betrachten, wenn die Saiten auf mehr als einer Ebene sind?

Entscheidung: Nein.

Reg. 5: **Aufschläger und Rückschläger**

Die Spieler stellen sich auf den gegenüberliegenden Seiten des Netzes auf. Der Spieler, der den Ball zuerst aufschlägt, heißt Aufschläger (Server), der andere Rückschläger (Receiver).

Fall 1: Verliert ein Spieler den Punkt, wenn er bei der Ausführung des Schlages eine gedachte Linie in der Verlängerung des Netzes überschreitet

a) vor dem Treffen des Balls,

b) nach dem Treffen des Balls?

Entscheidung: Er verliert den Punkt nicht, auch nicht, wenn er die gedachte Linie überschreitet, vorausgesetzt, daß er die das gegnerische Spielfeld begrenzenden Linien nicht betritt (Regel 20e). Sollte sich der Gegner durch das Überschreiten behindert gefühlt haben, kann er die Entscheidung des Schiedsrichters gem. Regel 21 und 25 fordern.

Fall 2: Der Aufschläger verlangt, daß der Rückschläger innerhalb der sein Spielfeld begrenzenden Linien steht, ist das notwendig?

Entscheidung: Nein. Der Rückschläger kann auf seiner eigenen Netzseite stehen, wo immer es ihm beliebt.

Reg. 6: **Seiten- und Aufschlagwahl**

Die Seitenwahl und die Wahl zwischen Aufschlag und Rückschlag im ersten Spiel werden durch das Los entschieden. Der die Wahl gewinnende Spieler kann wählen oder von seinem Gegner fordern, zu wählen:

a) Das Recht, Aufschläger oder Rückschläger zu sein, in welchem Fall der andere Spieler die Seite zu wählen hat;
b) Die Seite, in welchem Fall der andere Spieler das Recht wählt, Aufschläger oder Rückschläger zu sein.

Reg. 7: **Aufschlag**

Der Aufschlag ist in folgender Weise auszuführen:
Unmittelbar vor Beginn des Aufschlags muß der Aufschläger mit beiden Füßen in Ruhestellung hinter der Grundlinie (d.h. weiter vom Netz als die Grundlinie), zwischen der gedachten Verlängerung des Mittelzeichens und der Seitenlinie stehen. Der Aufschläger hat nun den Ball mit der Hand in beliebiger Richtung in die Luft zu werfen und denselben mit dem Schläger zu schlagen, bevor er den Boden berührt. Im Augenblick der Berührung des Schlägers mit dem Ball gilt der Aufschlag als erfolgt. Ein Spieler, der nur einen Arm benutzen kann, darf den Ball mit dem Schläger zwecks Aufschlag in die Luft werfen.

Fall 1: Darf der Aufschläger in einem Einzelspiel sich beim Aufschlagen hinter das zwischen den Seitenlinien des Einzel- und Doppelspielfeldes liegende Stück der Grundlinie stellen?

Entscheidung: Nein.

Fall 2: Wenn ein Spieler beim Aufschlagen statt einen Ball zwei oder mehr hochwirft, verliert er damit den Aufschlag?

Entscheidung: Nein, ein Wiederholungsball ist zu geben. Wenn der Schiedsrichter aber den Vorgang als vorsätzlich beurteilt, hat er nach Regel 21 zu entscheiden.

Reg. 8: **Fußfehler**

Während des Aufschlags darf der Aufschläger:

a) seine Stellung weder durch Gehen noch durch Laufen verändern;

b) weder mit beiden Füßen noch mit einem Fuß den Boden irgendwo anders berühren als hinter der Grundlinie zwischen der gedachten Verlängerung des Mittelzeichens und der Seitenlinie.

Anmerkung: Die folgende Erläuterung der Regel 8 wurde von der Internationalen Federation am 9. Juli 1958 wie folgt gebilligt.

zu a): Unbedeutende Bewegungen der Füße, die sich nicht wesentlich auf die Stellung des Aufschlägers, die dieser ursprünglich eingenommen hat, auswirken, sind nicht als »Veränderung seiner Stellung durch Gehen oder Laufen« anzusehen.

zu b): unter »Fuß« ist im Sinne dieser Regel das untere Glied der Beine unterhalb der Knöchel zu verstehen.

Reg. 9: **Ausführung des Aufschlags**

a) Beim Aufschlag hat der Aufschläger abwechselnd hinter der rechten und hinter der linken Hälfte des Platzes zu stehen, beginnend mit der rechten Hälfte in jedem Spiel. Wenn der Aufschlag von einer falschen Hälfte des Spielfeldes aus erfolgt und dieses nicht bemerkt worden ist, so bleiben alle aus solchem Aufschlag oder solchen Aufschlägen resultierenden Ergebnisse bestehen, jedoch muß die falsche Handhabung von da an, wo sie bemerkt wurde, sofort berichtigt werden.

b) Der Aufschlagball muß das Netz überfliegen und den Boden innerhalb des schräg gegenüberliegenden Aufschlagfeldes oder eine der Linien berühren, die dieses Feld begrenzen, bevor der Rückschläger den Ball zurückschlägt.

Reg. 10: **Aufschlagfehler**

Der Aufschlag gilt als Fehler:

a) wenn der Aufschläger gegen eine der Regeln 7, 8 oder 9 verstößt;

b) wenn er den Ball bei dem Versuch, ihn zu schlagen, verfehlt;

c) wenn der Aufschlagball, bevor er den Boden berührt, eine

der ständigen Einrichtungen des Platzes trifft, mit Ausnahme des Netzes, der Netzeinfassung oder des Netzhalters.

Fall 1: Wenn ein Spieler den Ball zum Aufschlagen hochwirft, macht dann jedoch keinen Versuch, ihn zu schlagen, sondern fängt ihn stattdessen wieder, gilt das als Fehler?

Entscheidung: Nein.

Fall 2: Wenn in einem Einzelspiel, das auf einem Doppelspielfeld mit Netzpfosten für das Doppel und das Einzel versehen ist, der Aufschlagball einen Einzelpfosten berührt und dann das richtige Aufschlagfeld innerhalb der Linien desselben trifft, gilt das als Fehler oder soll der Ball wiederholt werden?

Entscheidung: Beim Aufschlag ist es ein Fehler, weil die Einzel- und die Doppelnetzpfosten und der Teil des Netzes, der Netzeinfassung oder des Seils oder Metallkabels zwischen ihnen ständige Einrichtungen im Sinne der Regeln 2 und 10 sowie der Anmerkung zu Regel 24 sind.

Reg. 11: **Zweiter Aufschlagball**

Nach einem Fehler (wenn es der erste ist) hat der Aufschläger das Recht auf einen weiteren Aufschlag von derselben Seite des Platzes aus, wo er den ersten geschlagen hat, ausgenommen, der Aufschlag war von der falschen Seite aus erfolgt. In Übereinstimmung mit Regel 9 hat der Aufschläger dann das Recht auf nur einen Aufschlag von der anderen Seite (Hälfte) aus.

Fall 1: Ein Spieler gibt von der verkehrten Seite des Spielfeldes auf. Nachdem er den Punkt verloren hat, reklamiert er denselben als Fehler auf Grund seiner falschen Stellung auf dem Platz.

Entscheidung: Der Punkt gilt als gespielt und entschieden. Der nächste Aufschlag muß aber von der richtigen Stellung aus entsprechend dem Spielstand erfolgen.

Fall 2: Bei einem Spielstand von 15 beide schlägt der Aufschläger irrtümlich von der linken Hälfte seiner Seite auf. Er gewinnt den Punkt. Den nächsten Aufschlag führt er dann wieder von der rechten Hälfte seiner Seite aus und schlägt dabei einen Fehler. Der Irrtum bezüglich der falschen Stellung wird nun entdeckt. Zählt der vorhergehende Punkt für ihn? Von welcher Hälfte aus muß er den nächsten Aufschlag schlagen?

Entscheidung: Der vorhergehende Punkt bleibt für ihn bestehen. Der nächste Aufschlag muß von der linken Hälfte seiner Seite aus erfolgen, das Spiel steht 30:15, und der Aufschläger hat einen Fehler geschlagen.

Reg. 12: **Spielbereitschaft**

Der Aufschläger darf nicht servieren, bevor der Rückschläger bereit ist. Versucht der Rückschläger, den Aufschlagball zurückzugeben, so gilt er als spielbereit. Gibt hingegen der Rückschläger zu erkennen, daß er nicht bereit ist, so kann er keinen Aufschlagfehler geltend machen, wenn der Ball nicht den Boden innerhalb des für den Aufschlag bestimmten Feldes berührt hat.

Reg. 13: **Wiederholungen**

In den Fällen, wo die Wiederholung eines Balles gemäß den Regeln oder eine Unterbrechung des Spiels zugestanden wird, gilt folgendes:

a) wenn die Entscheidung lediglich in bezug auf den Aufschlag erfolgt, ist nur ein Aufschlagball zu wiederholen;
b) erfolgt die Entscheidung in bezug auf irgendwelche anderen Umstände, muß der Punkt wiederholt werden.

Fall 1: Ein Aufschlag ist aus anderen als den in Regel 14 beschriebenen Anlässen unterbrochen worden. Soll nur der eine Aufschlagball wiederholt werden?

Entscheidung: Nein, der ganze Punkt muß wiederholt werden.

Fall 2: Wenn ein im Spiel befindlicher Ball entzwei bricht oder platzt, soll der Punkt wiederholt werden?

Entscheidung: Ja.

Reg. 14: **Wiederholung des Aufschlags**

Der Aufschlag ist zu wiederholen:

a) wenn der aufgeschlagene Ball das Netz, die Netzeinfassung oder den Netzhalter berührt, vorausgesetzt, daß er sonst richtig fällt, oder – bevor er den Boden berührt – nach Berührung des Netzes, der Netzeinfassung oder des Netzhalters den Rückschläger oder irgend etwas trifft, was dieser an sich hat oder trägt.
b) wenn der Aufschlag (ob er nun gut oder schlecht ausfällt) ausgeführt worden ist, bevor der Rückschläger bereit war (s. Regel 12). Im Falle eines Netzballes zählt der Aufschlag nicht, und der Aufschläger muß ihn nochmals wiederholen, durch eine solche Wiederholung wird aber ein vorhergegangener Aufschlagfehler nicht annuliert.

Reg. 15: **Aufschlagwechsel**

Nach Beendigung des ersten Spiels wird der Rückschläger zum Aufschläger und der Aufschläger zum Rückschläger und so fort, abwechslungsweise für alle nachfolgenden Spiele einer Partie. Schlägt ein Spieler in falscher Reihenfolge auf, so muß derjenige Spieler, der an der Reihe des Aufschlags gewesen wäre, aufschlagen, sobald das Versehen festgestellt ist; alle vor dieser Feststellung gespielten Punkte bleiben gültig. Ist ein Spiel bereits beendet, bevor der Irrtum entdeckt wurde, so bleibt die veränderte Aufschlagsordnung bestehen. Ein vor der Entdeckung geschlagener Aufschlagfehler zählt nicht.

Reg. 16: **Seitenwechsel**

Die Spieler wechseln die Seiten nach dem ersten, dritten und jedem folgenden ungeraden Spiel eines jeden Satzes sowie am Ende eines jeden Satzes, außer wenn die Gesamtzahl der Spiele dieses Satzes eine gerade ist, in welchem Falle der Wechsel erst nach dem ersten Spiel des nächsten Satzes stattfindet.
Falls hierbei ein Fehler gemacht und die richtige Reihenfolge nicht eingehalten wird, müssen die Spieler die richtige Aufstellung einnehmen, sobald der Fehler bemerkt wird und die ursprüngliche Reihenfolge fortsetzen.

Reg. 17: **Ball im Spiel**

Ein Ball ist im Spiel, sobald er aufgeschlagen ist. Er bleibt im Spiel, bis der Punkt entschieden ist, ausgenommen bei einem Aufschlagfehler oder einem zu wiederholenden Ball.

Fall 1: Ein Spieler macht einen fehlerhaften Rückschlag. Da dies nicht sofort beanstandet wird, bleibt der Ball im Spiel. Darf sein Gegner nach Beendigung des Ballwechsels den Punkt für sich beanspruchen?

Entscheidung: Nein. Wenn die Spieler das Spiel fortgesetzt haben, nachdem der Fehler gemacht wurde, kann der Punkt nicht mehr beansprucht werden, vorausgesetzt der Gegner wurde nicht behindert.

Reg. 18: **Punkt für den Aufschläger**

Der Aufschläger gewinnt den Punkt:
a) wenn der aufgeschlagene Ball, soweit er kein Wiederholungsball nach Regel 14 ist, den Rückschläger oder irgendeinen Gegenstand, den dieser trägt oder hält, berührt, bevor er den Boden trifft;
b) wenn der Rückschläger den Punkt auf andere Weise gemäß Regel 20 verliert.

Reg. 19: **Punkt für den Rückschläger**

Der Rückschläger gewinnt den Punkt:
a) wenn der Aufschläger zwei aufeinanderfolgende Aufschlagfehler macht;
b) wenn der Aufschläger auf andere Weise gemäß Reg. 20 den Punkt verliert.

Reg. 20: **Punktverlust**

Ein Spieler verliert den Punkt:
a) wenn er den im Spiel befindlichen Ball nicht direkt über das Netz zurückschlägt, bevor dieser den Boden zweimal hintereinander berührt hat (ausgenommen die Fälle nach Regel 24a oder c);
b) wenn er den im Spiel befindlichen Ball so zurückschlägt, daß dieser den Boden, eine ständige Einrichtung oder einen anderen Gegenstand außerhalb derjenigen Linien trifft, welche das Spielfeld des Gegners begrenzen (ausgenommen die Fälle nach Reg. 24a und c);
c) wenn er den Ball im Fluge nimmt und einen Fehler macht, gleich ob er außerhalb des Spielfeldes steht;
d) wenn er den Ball auf seinem Schläger absichtlich trägt oder auffängt oder ihn mit seinem Schläger absichtlich mehr als einmal berührt;
e) wenn er oder sein Schläger (gleichgültig, ob er diesen in der Hand trägt oder nicht) oder irgend etwas, das er an sich hat oder trägt oder hält, das Netz, die Pfosten, das Seil oder Metallkabel, die Netzeinfassung, den Netzhalter oder den Boden im Spielfeld seines Gegners berühren, während der Ball im Spiel ist;

f) wenn er den Ball als Flugball nimmt, bevor dieser das Netz überflogen hat;
g) wenn der im Spiel befindliche Ball ihn oder irgend etwas, das er an sich hat oder trägt, berührt, ausgenommen den Schläger in seiner Hand oder in seinen Händen;
h) wenn er seinen Schläger nach dem Ball wirft und den Ball berührt;
i) wenn er absichtlich und wesentlich während des Ballwechsels die Form seines Schlägers verändert.

Fall 1: Beim Aufschlagen fliegt der Schläger aus der Hand des Aufschlägers und berührt das Netz, bevor der Ball aufgesprungen ist. Ist dies ein Fehler oder verliert der Spieler den Punkt?

Entscheidung: Der Aufschläger verliert den Punkt, weil sein Schläger das Netz berührt, während der Ball im Spiel ist (Regel 20e).

Fall 2: Beim Aufschlagen fliegt der Schläger aus der Hand des Aufschlägers und berührt das Netz, nachdem der Ball den Boden außerhalb des richtigen Feldes berührt hat.
Ist dies ein Fehler oder verliert der Spieler den Punkt?

Entscheidung: Dies ist ein Fehler, weil der Ball nicht mehr im Spiel war, als der Schläger das Netz berührte.

Fall 3: A und B spielen gegen C und D. A schlägt gegen D auf. C berührt das Netz, bevor der Ball den Boden berührt. Da der Aufschlag als Fehler außerhalb des Aufschlagfeldes aufspringt, wird dementsprechend auf »Fehler« entschieden. Verlieren C und D den Punkt?

Entscheidung: Die Entscheidung »Fehler« ist schon irrig gegeben worden. C und D hatten bereits den Punkt verloren, bevor auf »Fehler« erkannt werden konnte, weil C das Netz berührte, während der Ball im Spiel war (Regel 20e).

Fall 4: Darf ein Spieler über das Netz in das Feld seines Gegners springen, während der Ball im Spiel ist, ohne dafür geahndet zu werden?

Entscheidung: Nein, er verliert den Punkt (Regel 20e).

Fall 5: A schneidet den Ball soeben über das Netz, und derselbe springt auf A's Seite zurück. B, außerstande, den Ball zu erreichen, wirft seinen Schläger nach dem Ball und trifft ihn. Sowohl der Schläger als auch der Ball fliegen über das Netz auf A's Feld. A schlägt den Ball zurück, aber ins »Aus« von B's Feld. Gewinnt oder verliert B den Punkt?

Entscheidung: B verliert den Punkt (Regel 20e und h).

Fall 6: Ein Spieler, außerhalb des Aufschlagfeldes stehend, wird von einem Aufschlagball getroffen, bevor dieser den Boden berührt hat. Verliert oder gewinnt er den Punkt?

Entscheidung: Der getroffene Spieler verliert den Punkt (Regel 20g), ausgenommen Vorbehalt unter Regel 14a.

Fall 7: Ein Spieler, außerhalb des Platzes stehend, schlägt den Ball als Flugball oder fängt ihn in seiner Hand und beansprucht den Punkt, weil der Ball klar ausgegangen wäre.

Entscheidung: Unter keinen Umständen kann er den Punkt beanspruchen:

1. wenn er den Ball fängt, verliert er den Punkt gem. Regel 20g;
2. wenn er den Ball als Flugball schlägt und einen fehlerhaften Rückschlag vollführt, verliert er den Punkt gem. Regel 20c;
3. wenn er den Ball als Flugball schlägt und einen guten Rückschlag macht, ist der Ball im laufenden Schlagwechsel.

Reg. 21: **Behinderung des Gegners**

Wenn ein Spieler eine Handlung begeht, die den Gegner an der Ausführung eines Schlages hindert, dann verliert er den Punkt, wenn dies absichtlich geschieht; geschieht es unbewußt, dann muß der Punkt wiederholt werden.

Fall 1: Kann ein Spieler einen Nachteil haben, wenn er in Ausführung seines Schlages seinen Gegner trifft?

Entscheidung: Nein, ausgenommen der Schiedsrichter hält es für notwendig, gem. Regel 21 eine Maßnahme zu treffen.

Fall 2: Wenn ein Ball rückwärts über das Netz zurückspringt, der Spieler darum über das Netz reicht, um ihn zu spielen, wie ist dann in dem Fall zu urteilen, wenn der Spieler dabei von seinem Gegner behindert wird?

Entscheidung: In Übereinstimmung mit Regel 21 kann der Schiedsrichter entweder den Punkt dem Behinderten zuerkennen oder den Punkt wiederholen lassen (siehe auch Regel 25).

Fall 3: Kann ein Spieler sich durch einen unbeabsichtigten Doppelschlag seines Gegners im Sinne der Regel 21 behindert fühlen?

Entscheidung: Nein.

Reg. 22: **Linienball**

Fällt der Ball auf eine Linie, so gilt er als auf das von der Linie begrenzte Spielfeld gefallen.

Reg. 23: **Berührung von ständigen Einrichtungen**

Berührt der im Spiel befindliche Ball eine ständige Einrichtung des Platzes (außer Netz, Pfosten, Seil oder Metallkabel, Netzeinfassung oder Netzhalter), nachdem er den Boden getroffen hat, so gewinnt der Spieler, der ihn geschlagen hat, den Punkt, während, bevor er den Boden getroffen hat, der Gegner den Punkt gewinnt.

Fall 1: Ein Rückschlag trifft den Schiedsrichter oder seinen Stuhl oder die Tribüne und der betr. Spieler beruft sich darauf, daß der Ball in das Feld gesprungen ist.

Entscheidung: Er verliert den Punkt.

Reg. 24: **Guter Rückschlag**

Die Rückgabe des Balles gilt als gut:

a) wenn der Ball das Netz, die Pfosten, das Seil oder Metallkabel, die Netzeinfassung oder den Netzhalter berührt, vorausgesetzt, daß er oberhalb derselben passiert und den Boden innerhalb des Spielfeldes trifft;

b) wenn der aufgeschlagene oder zurückgegebene Ball den Boden innerhalb des richtigen Spielfeldes trifft und über das Netz zurückspringt oder zurückgeweht wird, und der Spieler, welcher zum Schlagen an der Reihe ist, über das Netz reicht und den Ball spielt, vorausgesetzt, daß weder er selbst noch irgendein Teil seiner Kleidung oder sein Schläger das Netz, die Pfosten, das Seil oder Metallkabel, die Netzeinfassung oder den Netzhalter oder den Boden innerhalb des Spielfeldes seines Gegners berührt und vorausgesetzt, daß der Schlag in jeder anderen Hinsicht gültig ist;

c) wenn der Ball an der Außenseite des Pfostens vorbei zurückgeschlagen wird, sei es über oder unter der oberen Kante des Netzes, selbst wenn er den Pfosten berührt, vorausgesetzt, daß er den Boden des richtigen Spielfeldes trifft;

d) wenn der Spieler mit seinem Schläger über das Netz reicht, nachdem er den Ball zurückgeschlagen hat, vorausgesetzt, daß der Ball das Netz überflogen hatte, ehe er geschlagen wurde und auch sonst ordnungsgemäß zurückgeschlagen wird;

e) wenn es einem Spieler gelingt, den Aufschlagball oder den im Spiel befindlichen Ball zurückzuschlagen, nachdem dieser einen anderen im Spielfeld liegenden Ball getroffen hat.

Anmerkung zu Regel 24: In einem Einzelspiel, welches aus Bequemlichkeitsgründen auf einem für das Doppelspiel hergerichteten Platz stattfindet, welcher aus diesem Grunde für das Einzelspiel mit »Einzelpfosten« versehen ist, gelten die Pfosten für das Doppelspiel sowie derjenige Teil des Netzes, des Seils oder Metallkabels und der Netzeinfassung, der sich außerhalb der Pfosten für das Einzelspiel befindet, immer als ständige Einrichtung und sind nicht als Teile des Netzes oder als Pfosten eines Einzelspiels zu betrachten.

Ein Rückschlag, der unter dem Netzseil oder Metallkabel zwischen den Einzel- und den dazugehörenden Doppelpfosten den Ball ohne Berührung weder des Seils oder Metallkabels, des Netzes noch der Doppelpfosten hindurchspielt und ihn im richtigen Spielfeld den Boden treffen läßt, gilt als gut.

Fall 1: Ein Ball fliegt aus dem Platz, trifft einen Netzpfosten oder eine Einzelstütze und springt dann in das Spielfeld des Gegners. Ist dieser Schlag gut?

Entscheidung: Wenn es ein Aufschlagball ist, nein, gem. Regel 10c, wenn es sonst ein Ball im Spiel ist, ja, gem. Regel 24a.

Fall 2: Gilt ein Rückschlag als gut, wenn ein Spieler beim Schlagen des Balls den Schläger in beiden Händen hält?

Entscheidung: Ja.

Fall 3: Der Aufschlagball oder ein im Spiel befindlicher Ball trifft einen im Spielfeld liegenden Ball. Ist der Punkt dadurch gewonnen oder verloren?

Entscheidung: Nein, das Spiel läuft weiter. Wenn es für den Schiedsrichter nicht klar ist, ob auch der richtige Ball zurückgeschlagen wurde, muß er auf Wiederholung des Punktes entscheiden.

Fall 4: Darf ein Spieler irgendwann im Spiel mehr als einen Schläger gleichzeitig benutzen?

Entscheidung: Nein, die gesamte Auslegung der Regeln folgert die Einzahl.

Fall 5: Kann ein Spieler die Entfernung eines im Spielfeld seines Gegners liegenden Balles (oder Bällen) fordern?

Entscheidung: Ja, aber nicht während der Ball im Spiel ist.

Reg. 25: **Behinderung eines Spielers**

Wird einer der Spieler durch irgend etwas, auf das er keinen Einfluß hat, ausgenommen durch eine der ständigen Einrichtungen des Spielfeldes oder durch eine in der Regel 21 genannten Ausnahmen, im Schlagen behindert, so muß der Punkt nochmals gespielt werden.

Fall 1: Ein Zuschauer gerät einem Spieler in den Weg, so daß dieser den Ball verfehlt. Kann der Spieler Wiederholung des Punktes beanspruchen?

Entscheidung: Ja, wenn nach Ansicht des Schiedsrichters er damit durch außerhalb seiner Kontrolle liegende Umstände behindert war, jedoch nicht, wenn diese Behinderung von ständigen Einrichtungen oder Vorkehrungen bezüglich des Platzes herrührte.

Fall 2: Der Spieler ist gestört wie in Fall 1, und der Schiedsrichter erkennt auf Wiederholung des Punktes. Der Aufschläger hat vorher einen Fehler geschlagen. Hat er das Recht auf zwei Aufschlagbälle?

Entscheidung: Ja, wenn der Ball im Spiel ist, muß der Punkt und nicht allein der Schlag wiederholt werden, wie es die Regeln vorsehen.

Fall 3: Kann der Spieler Wiederholung eines Balles beanspruchen gem. Regel 25, weil er dachte, sein Gegner sei behindert gewesen und weil er infolgedessen nicht mit dem Rückschlag des Balles gerechnet hat?

Entscheidung: Nein.

Fall 4: Gilt ein Schlag für gut, wenn ein Ball einen anderen in der Luft befindlichen Ball trifft?

Entscheidung: Es muß auf Wiederholung des Punktes entschieden werden, außer, wenn der andere Ball durch Maßnahmen eines der Spieler in der Luft ist, in welchem Fall der Schiedsrichter gem. Regel 21 entscheiden muß.

Fall 5: Wenn ein Schiedsrichter oder ein anderer Unparteiischer irrtümlich »Fehler« oder »aus« ruft und sich dann selbst verbessert, welcher der Ausrufe soll dann gelten?

Entscheidung: Eine Wiederholung muß gegeben werden, es sei denn, daß nach Auffassung des Schiedsrichters kein Spieler in seinem Spiel behindert war, in welchem Fall der korrigierende Ausruf maßgebend ist.

Fall 6: Wenn der erste Aufschlag als Fehler geschlagen ist, irgendwo abprallt und den Rückschläger während des zweiten Aufschlags stört, kann der Rückschläger eine Wiederholung des Punktes beanspruchen?

Entscheidung: Ja. Wenn er aber Gelegenheit dazu hatte, den Ball aus dem Spielfeld zu entfernen und es aus Nachlässigkeit unterließ, kann er keine Wiederholung beanspruchen.

Fall 7: Gilt der Schlag als gut, wenn der Ball einen stationären oder beweglichen Gegenstand auf dem Platz berührt hat?

Entscheidung: Der Schlag zählt als gut, außer, wenn der stationäre Gegenstand auf den Platz gekommen ist, nachdem der Ball ins Spiel gebracht wurde, in welchem Fall der Punkt wiederholt werden muß. Wenn der im Spiel befindliche Ball ein bewegliches Objekt längs oder über der Platzfläche berührt, muß der Punkt wiederholt werden.

Fall 8: Wie ist zu entscheiden, wenn der erste Aufschlag ein Fehler ist, der zweite Aufschlag gut, es sich jedoch ergibt, daß der Ball entweder in Anwendung der Regel 25 oder weil der Schiedsrichter außerstande war, den Punkt zu entscheiden, als Wiederholung zu spielen ist?

Entscheidung: Der Fehler muß annuliert und der ganze Punkt wiederholt werden.

Reg. 26: **Zählweise in einem Spiel**

Gewinnt ein Spieler den ersten Punkt, so zählt dies 15 zu seinen Gunsten; gewinnt er seinen zweiten Punkt, so zählt dies 30 zu seinen Gunsten; gewinnt er seinen dritten Punkt, so zählt dies 40 zu seinen Gunsten; und der vierte von einem Spieler gewonnene Punkt ist für ihn gewonnenes Spiel mit folgenden Ausnahmen:

Wenn beide Spieler 3 Punkte gewonnen haben, so wird dies als Ausgleich (deuce oder Einstand) bezeichnet, und der nächste von einem Spieler gewonnene Punkt zählt Vorteil zu seinen Gunsten. Gewinnt derselbe Spieler den nächsten Punkt, gewinnt er das Spiel; gewinnt aber der andere Spieler den nächsten Punkt, so wird der Spielstand wieder mit Einstand bezeichnet und so weiter, bis einer der Spieler die beiden auf Einstand folgenden Punkte hintereinander gewinnt, in welchem Falle er das Spiel gewonnen hat.

Reg. 27: **Zählweise in einem Satz**

a) Ein Spieler (oder die Spieler), welcher zuerst sechs Spiele gewinnt, hat den Satz gewonnen, ausgenommen, daß er mit einem Unterschied von zwei Spielen mehr, als sein Gegner hat, gewinnen muß und notfalls jeder Satz solange gespielt werden muß, bis dieser Unterschied erreicht ist.
b) Der Tie-break kann alternativ angewendet werden zu der Art der Satzentscheidung in Absatz a) dieser Regel, sofern diese Bestimmung vor Beginn des Spiels bekannt gegeben wurde.

In diesem Falle müssen nachstehende Regeln eingehalten werden. Der Tie-break wird angewendet, wenn in einem Satz der Spielstand 6:6 erreicht wird, ausgenommen im 3. oder 5. Satz eines Dreisatz- oder Fünfsatzkampfes, der eigentlich mit normaler Satzentscheidung gespielt werden muß, sofern nichts anderes bestimmt und vor Beginn des Spiels bekannt gegeben wurde.

Für ein Tie-break-Spiel gelten folgende Regeln:

Im Einzel:

1. Der Spieler, der zuerst sieben Punkte erreicht, gewinnt das Spiel und den Satz, vorausgesetzt er hat einen Vorsprung von 2 Punkten. Kommt es zu einem Spielstand von 6:6, dann wird das Spiel fortgesetzt, bis einer der Spieler diesen Vorsprung erreicht hat. Im Tie-break-Spiel werden die Punkte numerisch gezählt.
2. Der Spieler, der mit dem Aufschlag an der Reihe ist, schlägt für den ersten Punkt auf. Sein Gegner ist Aufschläger für den zweiten und dritten Punkt. Danach schlägt jeder Spieler abwechselnd für 2 Punkte hintereinander auf, bis der Gewinner von Spiel und Satz entschieden ist.
3. Vom ersten Punkt an wird abwechselnd von der rechten und linken Platzseite aufgeschlagen, beginnend von der rechten Seite. Wenn von der falschen Spielfeldseite aufgeschlagen und dies nicht bemerkt wurde, muß der sich aus diesem falschen Aufschlag oder diesen falschen Aufschlägen erzielte Spielstand gültig bleiben, die falsche Stellung aber berichtigt werden, sobald sie entdeckt wird.
4. Nach jeweils 6 Punkten und nach Beendigung des Tie-break-Spiels wechseln die Spieler die Seiten.
5. Das Tie-break-Spiel zählt in Bezug auf den Ballwechsel als ein Spiel mit der Ausnahme, daß der Ballwechsel bis zum zweiten Spiel des folgenden Satzes aufgeschoben wird, wenn die Bälle zu Beginn des Tie-break gewechselt werden sollen.

Im Doppel:

Im Doppel wird das Verfahren wie beim Einzel angewendet. Der Spieler, der mit dem Aufschlag an der Reihe ist, schlägt für den ersten Punkt auf. Danach hat jeder Spieler in der gleichen

Reihenfolge wie vorher in diesem Satz Aufschlag für 2 Punkte bis die Gewinner von Spiel und Satz entschieden sind.

Aufschlagwechsel:

Der Spieler (oder das Doppelpaar), der im Tie-break-Spiel zuerst aufschlägt, ist im ersten Spiel des folgenden Satzes Rückschläger.

Fall 1: Bei einem Spielstand von 6:6 wird Tie-break gespielt, obwohl vor Beginn des Spiels angeordnet und bekanntgegeben wurde, daß eine normale Satzentscheidung zu spielen ist. Werden die bereits gespielten Punkte gewertet?

Entscheidung: Wenn der Irrtum bemerkt wird, bevor der Ball für den zweiten Punkt ins Spiel gebracht wurde, muß der erste Punkt gewertet und der Irrtum sofort berichtigt werden.

Wenn der Irrtum bemerkt wird, nachdem der Ball für den zweiten Punkt ins Spiel gebracht wurde, muß das Spiel als Tie-break-Spiel fortgesetzt werden.

Fall 2: Bei einem Spielstand von 6:6 wird eine normale Satzentscheidung gespielt, obwohl vor Beginn des Spiels angeordnet und bekanntgegeben wurde, daß Tie-break zu spielen ist. Werden die bereits gespielten Punkte gewertet?

Entscheidung: Wenn der Irrtum bemerkt wird, bevor der Ball für den zweiten Punkt ins Spiel gebracht wurde, muß der erste Punkt gewertet und der Irrtum sofort berichtigt werden. Wenn der Irrtum bemerkt wird, nachdem der Ball für den zweiten Punkt ins Spiel gebracht wurde, muß das Spiel bis zu einer normalen Satzentscheidung fortgesetzt werden. Wenn es danach zu einem Spielstand von 8 beide oder einer höheren gleichen Spielzahl kommt, ist ein Tie-break zu spielen.

Fall 3: Wenn in einem Doppelspiel während des Tie-break ein Partner zum Rückschläger wird, obwohl er nicht an der Reihe war, muß dann die veränderte Reihenfolge des Rückschlages bis zum Ende des Spiels bestehen bleiben?

Entscheidung: Wenn nur ein Punkt gespielt worden ist, muß die Reihenfolge des Rückschlages sofort berichtigt und der bereits gespielte Punkt gewertet werden. Wenn der Irrtum bemerkt wird, nachdem der Ball für den zweiten Punkt ins Spiel gebracht wurde, muß die veränderte Reihenfolge des Rückschlags bestehen bleiben.

Fall 4: Wenn in einem Einzel- oder Doppelspiel während des Tie-break ein Spieler aufschlägt, obwohl er nicht an der Reihe ist, muß dann die veränderte Reihenfolge des Aufschlags bis zum Ende des Spiels bestehen bleiben?

Entscheidung: Wenn nur ein Punkt gespielt worden ist, muß die Reihenfolge des Aufschlags sofort berichtigt und der bereits gespielte Punkt gewertet werden. Wenn der Irrtum bemerkt wird, nachdem der Ball für den zweiten Punkt ins Spiel gebracht wurde, muß die veränderte Reihenfolge des Aufschlags bestehen bleiben.

Reg. 28: **Satzhöchstzahl**

Die Höchstzahl der Sätze eines Wettspiels darf fünf, bei Teilnahme von Damen drei betragen.

Reg. 29: **Schiedsrichter, Oberschiedsrichter**

In Wettspielen, für welche ein Schiedsrichter ernannt ist, ist dessen Entscheidung endgültig; wenn ein Oberschiedsrichter ernannt ist, kann eine Berufung über die Entscheidung des Schiedsrichters in Rechtsfragen bei ihm eingelegt werden; in allen diesen Fällen ist die Entscheidung des Oberschiedsrichters endgültig.

In Spielen, wo dem Schiedsrichter Hilfskräfte beigegeben sind (Linienrichter, Netzrichter, Fußfehlerrichter), sollen deren Entscheidungen in Tatfragen endgültig sein, ausgenommen, wenn sie nach Ansicht des Schiedsrichters eine klare Fehlentscheidung getroffen haben. In diesem Fall ist er berechtigt, die Entscheidung des Hilfsrichters abzuändern oder eine Wiederholung anzuordnen. Falls ein solcher Nebenrichter außerstande ist, zu entscheiden, muß er dieses dem Schiedsrichter unverzüglich anzeigen, welcher dann eine Entscheidung zu treffen hat. Falls der Schiedsrichter außerstande ist, eine Entscheidung in einer Tatfrage zu treffen, muß er auf Wiederholung des Punktes entscheiden.

Im Davis-Cup oder in anderen Mannschafts-Wettkämpfen, bei denen der Oberschiedsrichter auf dem betreffenden Tennisplatz ist, kann jede Entscheidung durch den Oberschiedsrichter abgeändert werden. Dieser kann auch den Schiedsrichter anweisen, den Punkt wiederholen zu lassen.

Der Oberschiedsrichter kann jederzeit nach seinem Ermessen für ein Wettspiel aufgrund der Dunkelheit, der Witterung oder des Zustandes des Platzes Aufschub eines Matches anordnen. In jedem Fall der Aufschiebung sollen der vorhergehende Spielstand und die vorherige Belegung der Plätze Geltung behalten, ausgenommen, daß der Oberschiedsrichter und die Spieler sich einmütig anders einigen.

Fall 1: Der Schiedsrichter entscheidet auf Wiederholung des Punktes, aber ein Spieler verlangt, daß der Punkt nicht wiederholt wird. Darf der Oberschiedsrichter um eine Entscheidung ersucht werden?

Entscheidung: Ja. Dies ist eine Regelfrage; dies ist eine Entscheidung, die sich auf die Auslegung bestimmter Tatsachen bezieht und muß zuerst durch den Schiedsrichter entschieden werden. Wenn der Schiedsrichter jedoch unsicher ist, oder ein Spieler seine Entscheidung verlangt, dann muß der Oberschiedsrichter ersucht werden, eine Entscheidung zu treffen. Seine Entscheidung ist endgültig.

Fall 2: Ein Ball ist als aus entschieden worden; ein Spieler aber behauptet, daß der Ball gut war. Darf der Oberschiedsrichter eingreifen?

Entscheidung: Nein. Dies ist eine Tatsachenfrage. Dies ist eine Entscheidung, die sich auf etwas stützt, das sich tatsächlich bei einem bestimmten Vorfall ereignet. Die Entscheidung der Platzrichter ist deshalb endgültig.

Fall 3: Darf der Schiedsrichter die Entscheidung eines Linienrichters nach Beendigung eines Ballwechsels abändern, wenn dieser nach seiner Ansicht während des Ballwechsels eine klare Fehlentscheidung getroffen hat?

Entscheidung: Nein, außer wenn nach seiner Meinung der Gegner dadurch behindert wurde. Sonst darf ein Schiedsrichter die Entscheidung eines Linienrichters nur abändern, wenn er dies sofort tut, nachdem der Fehler gemacht worden ist.

Fall 4: Ein Linienrichter gibt einen Ball aus. Der Schiedsrichter war außerstande, dies sicher zu sehen, obwohl er dachte, daß der Ball gut war. Darf er die Entscheidung des Linienrichters abändern?

Entscheidung: Nein. Ein Schiedsrichter darf nur abändern, wenn er einen Ausruf über allen angemessenen Zweifel hinaus für falsch hält. Er darf einen Ball, der von einem Linienrichter als gut entschieden wurde, nur abändern, wenn er einen Zwischenraum zwischen dem Ball und der Linie sehen konnte; und er darf einen Ball, der als aus oder als Fehler von einem Linienrichter entschieden wurde, nur abändern, wenn er gesehen hat, daß der Ball die Linie berührte oder innerhalb der Linie aufsprang.

Fall 5: Darf ein Linienrichter seine Entscheidung ändern, nachdem der Schiedsrichter den Spielstand bekannt gegeben hat?

Entscheidung: Ja. Wenn ein Linienrichter bemerkt, daß er sich geirrt hat, darf er sich berichtigen, vorausgesetzt, er tut dies sofort.

Fall 6: Ein Spieler behauptet, daß sein Rückschlag gut war, nachdem ein Linienrichter »aus« rief. Darf der Schiedsrichter die Entscheidung des Linienrichters abändern?

Entscheidung: Nein. Ein Schiedsrichter darf niemals als Ergebnis eines Protestes oder einer Anrufung durch einen Spieler die Entscheidung des Linienrichters abändern.

Reg. 30: **Unterbrechungen**

Es muß vom ersten Aufschlag bis zum Schluß des Wettspiels ohne Unterbrechung gespielt werden, in Übereinstimmung mit den folgenden Bestimmungen:

a) Wenn der erste Aufschlag ein Fehler ist, muß der zweite Aufschlag ohne Verzögerung geschlagen werden. Der Rückschläger muß sich einem angemessenen Tempo des Aufschlägers anpassen und zum Rückschlag bereit sein, wenn der Aufschläger bereit ist, aufzuschlagen.
Werden die Seiten gewechselt, muß der Ball zum ersten Punkt des nächsten Spiels spätestens eine Minute und 30 Sekunden nach dem Zeitpunkt aufgeschlagen sein, zu dem der Ball am Ende des Spiels nicht mehr im Spiel ist.
Der Schiedsrichter muß eine Störung berücksichtigen, die es dem Aufschläger unmöglich macht, innerhalb dieser Zeit aufzuschlagen.
Die Veranstalter von internationalen Circuits und von der ITF anerkannten Mannschaftswettkämpfen können die zwischen den Punkten erlaubte Zeitdauer festlegen. Sie darf zu keiner Zeit 30 Sekunden überschreiten.

b) Ein Wettspiel darf niemals unterbrochen, verzögert oder gestört werden, um einen Spieler sich ausruhen oder Atem schöpfen zu lassen oder sich zu erholen. Bei einer Verletzung durch Unfall kann der Schiedsrichter jedoch eine Unterbrechung von drei Minuten aufgrund dieser Verletzung zulassen.
Die Veranstalter von internationalen Circuits und von der ITF anerkannten Mannschaftswettkämpfen können die einmalige Unterbrechungsdauer von 3 auf 5 Minuten verlängern.

c) Wenn durch Umstände, die außer Kontrolle des Spielers liegen, seine Kleidung, Fußbekleidung oder Ausrüstung (Schläger ausgenommen) derartig in Unordnung gerät, daß es unmöglich oder unerwünscht für ihn ist, weiterzuspielen, kann der Schiedsrichter das Spiel unterbrechen, damit der Mangel behoben wird.

d) Der Schiedsrichter kann das Spiel jederzeit unterbrechen oder verzögern, wenn dies erforderlich und angemessen ist.

e) Nach dem dritten Satz oder, wenn Damen mitspielen, nach dem zweiten Satz, hat jeder Spieler Anspruch auf eine Ruhepause, die 10 Minuten nicht überschreiten darf. In Ländern, die zwischen 15° nördlicher Breite und 15° südlicher Breite liegen, darf diese Pause nicht länger als 45 Minuten dauern. Wenn Umstände, auf welche die Spieler keinen Einfluß haben, es erforderlich machen, kann der Schiedsrichter das Spiel für einen Zeitraum unterbrechen, den er für erforderlich hält. Wenn ein unterbrochenes Wettspiel erst an einem der folgenden Tage fortgesetzt wird, darf die Pause erst nach dem dritten an diesem Tage gespielten Satz gemacht werden (oder, wenn Damen mitspielen, nach dem zweiten Satz). Die Beendigung eines begonnenen Satzes zählt als ganzer Satz. Wenn ein unterbrochenes Wettspiel nicht vor Ablauf von 10 Minuten am gleichen Tag fortgesetzt wird, darf die Pause erst nach drei aufeinanderfolgenden, ohne Unterbrechung gespielten Sätzen gemacht werden (oder, wenn Damen mitspielen, nach zwei Sätzen). Die Beendigung eines begonnenen Satzes zählt als ganzer Satz. Jede Nation und/oder jeder Ausschuß, der ein Turnier, ein Wettspiel oder einen Wettbewerb ausrichtet, soweit es sich nicht um die internationalen Tennismeisterschaften (Davis-Cup und Federation-Cup) handelt, kann diese Vorschrift ändern oder aus ihren Bestimmungen streichen, vorausgesetzt, dies wird vor Beginn der Veranstaltung bekanntgegeben.

f) Bei Verstößen gegen diese Regel kann der Schiedsrichter den Schuldigen nach eindeutiger Verwarnung disqualifizieren.

Reg. 31: **Beratung von Spielern**

Während eines Wettspiels innerhalb eines Mannschaftswettkampfes darf ein Spieler von einem Mannschaftsführer beraten werden, wenn dieser auf dem betreffenden Tennisplatz sitzt. Dies darf nur beim Seitenwechsel nach Beendigung eines Spieles geschehen, aber nicht, wenn die Seiten in einem Tiebreak-Spiel gewechselt werden.

In allen übrigen Wettspielen darf ein Spieler keine Ratschläge entgegennehmen.

Die Bestimmungen dieser Regel müssen genau eingehalten werden. Ein hiergegen verstoßender Spieler kann nach eindeutiger Verwarnung disqualifiziert werden.

Fall 1: Soll eine Verwarnung erteilt oder der Spieler disqualifiziert werden, wenn die Beratung in unauffälliger Weise durch Zeichen erfolgt?

Entscheidung: Der Schiedsrichter muß einschreiten, sobald er merkt, daß mündlich oder durch Zeichen Ratschläge gegeben werden. Wenn der Schiedsrichter nicht bemerkt, daß Ratschläge gegeben werden, darf ein Spieler ihn darauf aufmerksam machen, daß eine Beratung erfolgt.

Fall 2: Darf ein Spieler während der Zehn-Minuten-Pause in einem Fünf-Satz-Kampf Ratschläge entgegennehmen oder wenn das Spiel unterbrochen ist und er den Platz verlassen hat?

Entscheidung: Ja. Unter diesen Umständen, wenn ein Spieler nicht auf dem Platz ist, unterliegt die Beratung keiner Beschränkung.

Anmerkung: Das Wort »Beratung« umfaßt jede Art von Ratschlägen und Anleitungen.

Reg. 32: **Wechsel der Bälle**

Wenn in Wettkämpfen, bei denen nach einer vereinbarten Zahl von Spielen die Bälle gewechselt werden, dies jedoch nicht in der richtigen Reihenfolge geschieht, muß der Fehler dann berichtigt werden, wenn der Spieler (oder beim Doppelspiel das Paar) wieder Aufschlag hat, der (das) mit den neuen Bällen hätte aufschlagen sollen. Danach werden die Bälle nach der ursprünglich vereinbarten Anzahl von Spielen gewechselt.

Reg. 33: **Das Doppelspiel**

Die obigen Regeln gelten auch für das Doppelspiel mit folgenden Ausnahmen:

Reg. 34: **Doppel-Spielfeld**

Das Spielfeld für das Doppelspiel beträgt in der Breite 10,97 m, d.h. 1,37 m auf jeder Seite mehr als das Spielfeld für das Einzelspiel. Diejenigen Teile der Einzelspielseitenlinien, welche zwischen den beiden Aufschlaglinien liegen, werden Aufschlag-Seitenlinien genannt. In jeder anderen Hinsicht ist das Spielfeld genau das gleiche, wie es Regel 1 beschreibt. Diejenigen Teile der Einzelspiel-Seitenlinien, welche zwischen Grundlinie und Aufschlaglinie liegen, können auf beiden Seiten des Netzes fortgelassen werden.

Reg. 35: **Reihenfolge des Aufschlags**

Die Reihenfolge des Aufschlags ist zu Beginn eines jeden Satzes folgendermaßen zu entscheiden:

Dasjenige Paar, welches das Recht zum Aufschlag im ersten Spiel eines jeden Satzes hat, muß entscheiden, welcher Partner mit dem Aufschlag beginnen soll. Das gegnerische Paar hat dasselbe zu tun für das zweite Spiel. Der Partner desjenigen Spielers, welcher im ersten Spiel aufschlug, hat im dritten Spiel aufzuschlagen. Der Partner desjenigen Spielers, der im zweiten Spiel aufschlug, hat im vierten Spiel aufzuschlagen und so fort, abwechselnd in dieser Reihenfolge in allen folgenden Spielen eines Satzes.

Fall 1: Wenn in einem Doppel ein Spieler nicht rechtzeitig zum Spiel erscheint, kann sein Partner die Erlaubnis beanspruchen, allein gegen das gegnerische Paar zu spielen?

Entscheidung: Nein.

Reg. 36: **Reihenfolge des Rückschlags**

Die Reihenfolge der Rückschläger bezgl. des Aufschlags ist zu Beginn jeden Satzes folgendermaßen zu entscheiden:

Das Paar, welches im ersten Spiel den Aufschlag zurückzuschlagen hat, muß entscheiden, welcher Partner den ersten Aufschlag zum Rückschlag empfängt, und dieser Spieler hat weiterhin während der Dauer des Spiels in jedem ungeraden Spiel während des Satzes den ersten Aufschlag zu empfangen. Das gegnerische Paar muß gleicherweise entscheiden, welcher Partner in dem zweiten Spiel den ersten Aufschlag empfangen

Süddeutscher Rundfunk Bibliothek

und zurückschlagen soll. Diese Reihenfolge hat dann ebenfalls während der Dauer des Satzes, aber in jedem geraden Spiel, unverändert zu bleiben. Die Partner erwarten die Aufschlagbälle das ganze Spiel hindurch abwechselnd.

Fall 1: Ist es im Doppel dem Partner des Aufschlägers oder dem Partner des Rückschlägers erlaubt, so zu stehen, daß er dem Rückschläger die Sicht behindert?

Entscheidung: Ja. Der Partner des Aufschlägers oder der Partner des Rückschlägers kann auf seiner Seite des Netzes in- oder außerhalb des Feldes stehen, wo immer es ihm beliebt.

Reg. 37: **Falsche Reihenfolge beim Aufschlag**

Wenn ein Partner irrtümlicherweise aufschlägt, ohne daß die Reihe an ihm ist, so muß, sobald der Irrtum entdeckt wird, derjenige Spieler unmittelbar aufschlagen, an dem die Reihe eigentlich gewesen wäre. Die bereits gespielten Punkte und jeder vor der Entdeckung des Irrtums erfolgte Aufschlagfehler werden gerechnet. Wird der Irrtum erst am Ende eines Spiels bemerkt, so muß die veränderte Reihenfolge des Aufschlags beibehalten werden.

Reg. 38: **Falsche Reihenfolge beim Rückschlag**

Wird während eines Spiels die Reihenfolge im Zurückschlagen des Aufschlags von der rückschlagenden Partei geändert, so bleibt diese geänderte Reihenfolge bis zum Ende des Spiels, in dem der Irrtum entdeckt wurde; die Partner müssen aber im nächsten Spiel des Satzes, in welchem sie Rückschläger sind, die ursprüngliche Reihenfolge wieder einhalten.

Reg. 39: **Aufschlagfehler**

Der Aufschlag gilt als Fehler in den Fällen der Regel 10 oder wenn der aufgeschlagene Ball den Partner des Aufschlägers berührt oder irgend etwas, was er trägt oder hält. Wenn jedoch der aufgeschlagene Ball, bevor er den Boden berührt – ausgenommen er ist ein Netzball gem. Reg. 15a – den Partner des Rückschlägers oder irgend etwas, was er trägt oder hält, berührt, so gewinnt der Aufschläger den Punkt.

Reg. 40: **Abwechselndes Schlagen der Parteien**

Der Aufschlagball muß abwechselnd von einem der beiden Spieler der gegnerischen Paare geschlagen werden. Wenn ein Spieler in Verletzung dieser Regel den im Spiel befindlichen Ball mit seinem Schläger berührt, so gewinnen seine Gegner den Punkt.

Anmerkung: Soweit nicht ausdrücklich anders bestimmt wird, ist in diesen Regeln überall da, wo vom männlichen Geschlecht die Rede ist, auch das weibliche Geschlecht inbegriffen.

XVIII. Kleines Tennislexikon

1. Fachwörter

Allroundspieler: Ein Spieler, der sowohl von der Grundlinie als auch am Netz spielen kann, dem defensives und offensives Tennis also gleichermaßen liegt.

Angriffsball: Ein kraftvoll geschlagener Ball, mit dem sich der an das Netz vorrückende Spieler eine gute Position verschaffen will, um den Rückschlag des unter Druck gesetzten Gegners am Netz abzufangen.

ATP: »Association of Tennis Professionals«, Vereinigung der Spieler, auch als »Spieler-Gewerkschaft« bezeichnet, bietet Versicherungsschutz, stellt die meistpublizierten offiziellen Ranglisten auf und garantiert den Spielern Turniereinsätze usw.

Aufschlag: Der Schlag über dem Kopf nach Hochwerfen des Balls, mit dem ein Spieler den Ballwechsel eröffnet. Der Aufschlag ist auch von unten möglich, jedoch ohne Wirkung.

Aufschlag-As:	Ein Aufschlag, wobei der Ball den Gegner passiert, ohne daß dieser den Ball berühren kann.
Beinarbeit:	Die richtige, kontrollierte Bewegung der Beine und Füße im Tennis; sie ist die Voraussetzung für wirkungsvolle Schläge.
Break:	Das Durchbrechen eines gegnerischen Aufschlages, Gewinn des gegnerischen Aufschlagspieles.
Crossball:	Ein von rechts nach links oder links nach rechts diagonal über den Platz gespielter Ball.
Deuce:	Englischer Ausdruck für den Spielstand 40:40 = Einstand.
DITT:	»Deutsche Interessenvereinigung der Turnier-Tennisspielerinnen und -spieler«, auch »deutsche Spieler-Gewerkschaft« genannt; vertritt die Interessen der Spieler.
Doppel:	Zwei Spielerinnen (Spieler) auf einer Hälfte des Spielfeldes spielen gegen zwei Spielerinnen (Spieler); ebenfalls möglich in der Kombination Dame/Herr gegen Dame/Herr.
Doppelfehler:	Dem Aufschläger stehen zwei Bälle zum Aufschlag zur Verfügung. Ein »Fehler« entsteht durch das Verschlagen des ersten Balls;

ein »Doppelfehler« liegt vor, wenn mit dem zweiten Ball ebenfalls fehlerhaft aufgeschlagen wird (Punktverlust).

Drall: Rotation des Balls vorwärts, rückwärts oder seitlich.

Drive: Treibschlag, der ohne bewußt bezweckten Drall des Balls geschlagen wird.

Einstand: Gebräuchliche Ausdrucksweise für den Spielstand 40:40.

Flugball: In der Luft zurückgeschlagener Ball, bevor dieser das erste Mal den Boden berührt; meistens in Netznähe gespielt.

Fußfehler:
a) Wenn der Aufschläger seine Stellung durch Gehen oder Laufen beim Aufschlag verändert;
b) wenn beim Aufschlag mit einem oder beiden Füßen der Boden an einer anderen Stelle als hinter der Grundlinie und zwischen der gedachten Verlängerung des Mittelzeichens und der Seitenlinie berührt wird.

Gemischtes Doppel: Ein gemischtes Paar, also Dame/Herr in einer Spielhälfte, spielen gegen eine andere Dame/anderen Herrn.

Grand Slam: Der Gewinn der Internationalen Meisterschaften von England, Frankreich, USA und Australien durch eine Person innerhalb eines Jahres; höchstmögliche Leistung im Tennissport.

Grundlinie: Begrenzende Linie an den beiden kürzeren Seiten des rechteckigen Spielfeldes.

Grundschläge: Die Basisschläge im Tennis; hierzu gehören Vorhand und Rückhand, Flugball-Vorhand und -Rückhand, Aufschlag, Schmetterball.

Halbflugball: Ein Ball, der sofort *nach* dem Aufspringen in Bodennähe zurückgeschlagen wird.

Linienrichter: Anläßlich wichtiger Turniere eingesetzte Personen zur Unterstützung des Schiedsrichters, die eine Linie kontrollieren und ausrufen, wenn ein Ball AUS ist.

Lob: Ein hoch geschlagener Ball mit dem Ziel, den Ball unerreichbar über einen ans Netz aufgerückten Gegner ins hintere Spielfeld zu spielen.

Match: Die Begegnung zweier Spieler von Anfang bis Ende, der gesamte Wettkampf.

Matchball:	Wenn Aufschläger oder Rückschläger noch einen Punkt zum Sieg verwandeln müssen.
Mixed:	s. »Gemischtes Doppel«.
Netzrichter:	Zur Unterstützung des Schiedsrichters eingesetzte Person, die kontrolliert, ob ein Ball beim Aufschlag die Netzkante berührt hat.
Netzspieler:	Ein Spieler, der im Doppel die Position am Netz einnimmt.
Passierball:	Ein Ball, der einen ans Netz vorgerückten Spieler unerreichbar passiert.
Passierschlag:	Der Schlag eines Spielers, mit dessen Ausübung der Ball den gegnerischen Netzspieler erfolgreich passiert.
Racket:	Schläger mit Saite, das Schlaginstrument der Tennisspieler.
Ranglistenturnier:	Ein Turnier, mit dessen Ergebnissen man in der Lage ist, eine Rangliste, d. h. eine Auflistung der Spieler in der Reihenfolge ihrer Spielstärke, zu erstellen.
Rückhand, Rückhandschlag:	Bei einem Rechtshänder alle links von seinem Körper durchgeführten Schläge.

Satz: Der Spieler, der als erster 6 gewonnene Spiele erzielt, gewinnt den Satz. Der Satz muß jedoch mit mindestens 2 Spielen Abstand gewonnen werden (z.B. 7:5). Zur Abkürzung »endloser« Sätze wurde der Tie-Break eingeführt (meistens bei 6:6 angewandt).

Satzball: Wenn Aufschläger oder Rückschläger noch einen Punkt zum Gewinn eines Satzes brauchen.

Schmetterball: Kraftvoller über den Kopf geschlagener Ball.

Service: s. »Aufschlag«.

Setzen: Ein System, um die stärkeren Spieler so über einen Turnierplan zu verteilen, daß diese erst gegen Ende der Meisterschaft gegeneinander spielen müssen, die Spannung also recht lange erhalten bleibt.

Slice: Schlag, der dem Ball einen Rückwärtsdrall gibt.

Spiel: Wenn ein Spieler zuerst 4 Punkte (15:0, 30:0, 40:0, Spielpunkt) erreicht hat oder nach dem Spielstand Einstand (40:40) zwei Punkte gewinnt oder nach seinem Vorteil einen weiteren Punkt gewinnt, erzielt er ein Spiel.

Spin:	Rotation, Drall des Balls, vorwärts, rückwärts oder seitlich.
Stop:	Ein möglichst kurz hinter dem Netz heruntertropfender Ball mit Drall, der für den Gegner oftmals unerreichbar ist.
Tie-Break:	Eine besondere Zählweise, die bei einem Gleichstand der Spiele, z. B. 6:6, angewandt wird, um zum Satzende zu kommen (s. auch Tennisregeln der ITF, Regel 27).
Topspin:	Moderner Schlag mit maximalem Vorwärtsdrall des Balls und beschleunigtem Absprung nach dem Auftreffen.
Tödlich, töten:	Mit hoher Angriffslust gespielter Ball, um den eigenen Punktgewinn sicherzustellen.
Treibschlag:	s. »Drive«.
Überreißen:	Beim Topspin angewandtes schnelles Hochreißen des Schlägers, um maximalen Vorwärtsdrall auf den Ball zu übertragen.
Umgreifen:	Griffwechsel von z. B. Vorhandgriff zum Rückhandgriff.
Vorhand, Vorhandschlag:	Bei Rechtshändern alle rechts vom Körper durchgeführten Schläge.

Vorhandgriff:	Beim Vorhandschlag angewandte, spezielle Griffhaltung.
Vorteil:	Nach dem Spielstand »Einstand« (40:40) erhalten je nach Punktgewinn der Aufschläger oder der Rückschläger »Vorteil«; gewinnt der sich im Vorteil befindliche Spieler noch den nächsten Punkt, gewinnt er das Spiel.
Zählweise:	s. »Tennisregeln der ITF«, Regel 26.

2. Englische Ausdrücke und ihre Übersetzung

advantage	Vorteil
backhand	Rückhand
baseline	Grundlinie
break	Gewinn des gegnerischen Aufschlags
centre court	Hauptplatz einer Anlage
court	Platz
crossball	Crossball (diagonale Flugbahn)
defensive	defensiv (Grundlinienspiel)
deuce	Einstand
double	Doppel
double fault	Doppelfehler
drive	Treibschlag
drop shot	Stoppball
fault	Aufschlagfehler
foot fault	Fußfehler
forehand	Vorhand
game	Spiel
game point	Spielball
grass court	Grasplatz
ground stroke	Grundschlag
half court	Halbfeld
half volley	Halbflugball
hard court	Hartplatz
let	Netzball
linesman	Linienrichter
lob	Hochball
longline	die Linie entlang
love	Nullstand
match	(gesamtes) Spiel
match point	Matchball
men's double	Herren-Doppel
men's single	Herren-Einzel
mixed double	Gemischtes Doppel
net	Netz

out	aus
offensive	offensiv (Angriffsspiel)
passing shot	Passierschlag
power play	hartes Angriffstennis
prize money	Preisgeld
racket	Schläger
rally	Ballwechsel
receiver	Rückschläger
referee	Schiedsrichter
return	Rückschlag
service	Aufschlag
service court	Aufschlagfeld
service line	Aufschlaglinie
set	Satz
set point	Satzball
sideline	Seitenlinie
single	Einzel
shot	Schlag
slice	unterschnittener Ball
smash	Schmetterball
tennis court	Tennisplatz
tie break	Spielbrecher (letztes Spiel nach Gleichstand 6:6)
topspin	überrissener Schlag
twist service	Spezial-Aufschlag mit Drall
volley	Flugball
women's double	Damen-Doppel
women's single	Damen-Einzel

'84 US OPEN

3. Turniere

3.1 Annie-Soisbault-Pokal

Von der Marquise Annie Soisbault de Montaigu gestifteter Wanderpokal; das Gegenstück zum Coupe de Galea für Spielerinnen, die im Jahr der Austragung das 21. Lebensjahr noch nicht erreichen. Es handelt sich also um Nachwuchsmeisterschaften der Damen-Teams.

3.2 Bundesliga

Höchste deutsche Spielklasse im Tennis, in der der Deutsche Mannschaftsmeister ermittelt wird. Innerhalb von Gruppen spielt »jeder gegen jeden«, anschließend wird die Endrunde ausgespielt.

3.3 Coupe de Galea

Von der Französin Madame de Galea gestifteter Pokal für Nationen-Teams ähnlich dem Davis-Pokal. Die Spieler dürfen im Jahr der Austragung das 21. Lebensjahr nicht vollenden. Es handelt sich also um Nachwuchsmeisterschaften der Herren-Teams.

3.4 Davis-Pokal

Gestiftet von dem Amerikaner Dwight F. Davis. Erstmalige Austragung im Jahre 1900. Wanderpokal, um den die Herrenmannschaften der Nationen spielen.

3.5 Federation Cup

Entstanden anläßlich des 50jährigen Jubiläums des Internationalen Tennis Verbandes, ITF, im Jahre 1962. Wanderpokal, um den die Damen-Mannschaften der Nationen spielen.

3.6 Große Medenspiele

Herrenmeisterschaft der Verbände innerhalb des Deutschen Tennis Bundes. Die Medenspiele sind nach dem ersten Präsidenten des 1902 gegründeten Deutschen Tennis Bundes, Herrn C. A. von der Meden, benannt.

3.7 Große Poensgenspiele

Damenmeisterschaft der Verbände innerhalb des Deutschen Tennis Bundes. Die Poensgenspiele sind zu Ehren des verstorbenen Gründers des Rochusclubs in Düsseldorf benannt, der sich besonders für das Damentennis einsetzte.

3.8 Große Schomburgkspiele

Senioren- und Seniorinnen-Mannschaftsmeisterschaften der Verbände im Deutschen Tennis Bund. Die Schomburgkspiele erinnern an den Ehrenpräsidenten des Deutschen Tennis Bundes.

3.9 Internationale Meisterschaften

von England (Wimbledon)	auf Rasen
Frankreich (Paris)	auf Asche
USA (New York)	auf Hartplatz
Australien (Melbourne)	auf Rasen

Offene Landesmeisterschaften für Damen und Herren. Der Sieg einer Person in allen vier Meisterschaften innerhalb eines Jahres bedeutet die Erringung des »Grand Slam«, der höchsten Leistung im Tennissport.

3.10 Kings-Cup

Von König Gustav V. von Schweden im Jahre 1936 gestiftet. Nationen-Mannschaftswettbewerb ähnlich dem Davis-Pokal, jedoch auf Europa beschränkt. Europameisterschaft der Herren-Nationen-Teams.

3.11 Wimbledon-Meisterschaften

»All England Tennis Championships« des »All England Croquet and Lawn Tennis Club« in Wimbledon, einem Stadtteil im Süden Londons.
Erstes Turnier fand im Jahre 1877 statt. Internationales Turnier für Damen und Herren. Gespielt wird bis heute auf Rasen.